# IVÁN VINDAS

# SUEÑOS FINANCIEROS

## LAS MEJORES DECISIONES FINANCIERAS QUE TE AYUDARÁN A ALCANZARLOS

WHITAKER HOUSE *Español*

Editado por: Ofelia Pérez

## Sueños financieros

Las mejores decisiones financieras que te ayudarán a alcanzarlos

ISBN: 978-1-64123-939-4
e-Book ISBN: 978-1-64123-940-0
Impreso en Colombia
© 2022 por Iván Vindas

Whitaker House
1030 Hunt Valley Circle
New Kensington, PA 15068
www.whitakerhouseespanol.com

2 3 4 5 6 7 8 9 10 11 LU 29 28 27 26 25 24 23 22

# ÍNDICE

# INTRODUCCIÓN

Si queremos enriquecer nuestros bolsillos y ser buenos mayordomos de todo lo que Dios nos ha dado, tenemos que aprender a administrar lo que se nos ha confiado.

Las finanzas no se manejan con emoción, sino con sabiduría, algo que tiene que estar por encima de la pasión. Sabiduría primero, pasión después. Debemos ser más sabios que apasionados.

**La pasión es una fuerza muy importante que necesitamos en la vida para realizar sueños; pero la sabiduría es la que nos hace construirlos y protegerlos.**

Un sueño es una ilusión, un deseo que todos llevamos por dentro. Los sueños tienen que ver con nuestro destino y propósito. Por eso, para Dios es tan importante que soñemos. Los sueños están ligados a los dones que se nos dieron y el don se evidencia en nuestra vocación, que es la inclinación o interés que una persona siente en su interior para dedicarse a una determinada forma de vida o un trabajo en específico.

El problema de muchas personas es que le piden permiso al dinero para soñar, creyendo que un sueño inicia con el recurso financiero. Esto no es así, ya que un sueño inicia con una visión para que luego venga la provisión de recursos. No podemos esperar tener recursos para soñar, al contrario, soñamos para poder tener recursos. De nada sirve tener recursos si no les damos un propósito para gastarlos.

Los sueños financieros conllevan aprendizaje. No podemos crear un sueño si no aprendemos cómo desarrollarlo, ya que no solo se necesita producir el recurso para hacer el sueño realidad, sino saber administrar el recurso de forma correcta.

Recuerda que el éxito del sueño no está en tener el recurso; el éxito del sueño es saber crear y utilizar el recurso que ese sueño necesita.

Este libro es un conjunto de recursos funcionales que te darán resultados medibles y reales en el camino a realizar tu sueño y lograr la visión que Dios te encomendó. Ante todo, te ubicaré en la motivación que debe prevalecer en ti para aumentar tus finanzas y sí, aunque te sorprenda, no es el dinero en sí mismo. Luego, te explicaré la diferencia entre el sueño y la visión. Entonces aprenderás, paso a paso, a manejar todo lo que te va a ocurrir en el camino hacia alcanzar tus sueños financieros con las prioridades correctas. Al final, si te atreves a emprender, encontrarás lo que requieres en todas las áreas (mente, carácter, audacia y la sagacidad de escuchar la voz de Dios) para ser emprendedor y llegar a ser empresario.

*Sueños financieros* contiene la impartición de quien sabe que la fe en Dios mueve lo que parece imposible y de quien ha vivido por experiencia propia el éxito infalible del orden de Dios reflejado en nuestras finanzas.

# 1

## FUNDAMENTOS DEL ÉXITO FINANCIERO

**D**ebemos saber cómo producir un recurso, y cuándo y cómo lo podemos gastar, ya que esta es la clave para realizar los sueños financieros.

Esta combinación de saber producir y saber gastar es la sabiduría que necesitamos tener para obtener nuestros sueños financieros a través de un trabajo, de un negocio o de una buena idea. Antes de seguir con este principio de producir y gastar, debemos tener clara una gran verdad.

*Porque raíz de todos los males es el amor al dinero, el cual codiciando algunos, se extraviaron de la fe, y fueron traspasados a muchos dolores.* (1 Timoteo 6:10)

El amor al dinero trae toda clase de males porque hace que nos extraviemos de creer, y por extraviarnos de creer atraeremos problemas que nos dan muchos dolores. El dinero no es malo; lo malo es el amor que le podemos dar al dinero. Recordemos que amar es darle a algo o alguien un lugar importante en nuestro corazón y pensamientos, al punto de que nos puede llevar a depender de ese amor.

El problema al saber producir es llegar a amar tanto lo que producimos, que podemos ser poseídos por las posiciones y dejar de confiar en Dios por confiar en lo que producimos. Esta actitud nos extravía de la fe y pone nuestra esperanza en los recursos. Si los recursos como el dinero fueran la felicidad, los más ricos serían los más felices, pero sabemos bien que no es así. John D. Rockefeller, uno de los multimillonarios más aclamados de su época, cuya fortuna ha prevalecido hasta nuestros días, decía: "He ganado muchos millones, pero no me han producido felicidad".

Cuando alguien ama el dinero lo pone en primer lugar antes que a Dios, que es el centro de su provisión. Pero cuando ponemos la fe en Dios, entonces entendemos que todo es provisión de Él. Recuerda que tu señor y proveedor no es el dios-dinero. Tu proveedor es Dios, que te da el tiempo, la sabiduría, las fuerzas, la inteligencia, la capacidad de pensar, la salud, y como consecuencia, el recurso financiero.

El dinero es un bien de intercambio que Dios creó para nosotros para adquirir las cosas que queremos. El dinero se produce a través del esfuerzo de nuestro trabajo, de nuestra inteligencia, del uso correcto de nuestros dones, ideas y habilidades. Está en nosotros la capacidad de producirlo; por eso no debemos amarlo, sino amar a quien lo produce, que somos nosotros mismos.

**Cuando nos amamos, nos cuidamos, nos esforzamos, reposamos y gastamos sabiamente lo que producimos por amor a nosotros mismos.**

Cuando inviertes en ti, estás invirtiendo en lo que produces. Por eso el amor propio no es cuánto producimos, sino cómo gastamos lo que producimos.

## EL ÉXITO DE LAS FINANZAS

Tu éxito financiero no está en cuánto produces, sino en cómo lo gastas.

Jesús dijo que no podemos servir a dos señores, que no podemos servir a Dios y a las riquezas. Por eso si nosotros aprendemos sobre el dinero, no vamos a ser servidores de él, sino que el dinero será nuestro servidor.

Jesús también enseñó que el engaño de las riquezas ahoga la Palabra. Si nosotros no aprendemos sobre las riquezas, las mismas riquezas van a ahogar la sabiduría que Dios nos da a través de sus enseñanzas. Recordemos que solo seremos engañados en cosas que no sabemos, por eso tenemos que aprender acerca del dinero para que las riquezas no nos engañen.

 **Cuando aprendemos sobre las riquezas les daremos el propósito que ellas tienen, ya que todo lo creado tiene un propósito.**

## ADQUIRIR SIN PRODUCIR GENERA DEUDAS

*Para no endeudarnos debemos aprender a esperar por lo que queremos.* Salomón, el hijo del rey David, nos enseña que TODO tiene su tiempo (ver Eclesiastés 3:1–9). Así como hay un tiempo para sembrar una semilla, un tiempo para que eche raíces, un tiempo para que salga el tallo, un tiempo para que se firme el trinco, las ramas, las hojas, y un tiempo para que dé fruto, hay un tiempo para producir el recurso y un tiempo para gastarlo.

Podemos tener lo que queremos si aprendemos a esperar el tiempo correcto para adquirirlo. De lo contrario, si por desesperarnos en adquirirlo nos endeudamos, dejaremos de disfrutar lo adquirido por estar pensando en que lo debemos pagar.

*Para esperar por lo que queremos debemos negarnos a nuestros propios deseos, y, en su lugar, tener una visión.* Los deseos, así como vienen se van; pero una visión es una razón de existir que está muy por encima de los deseos.

En el libro de Génesis dice que a todos nos llega nuestra temporada.

*Mientras el mundo exista, siempre habrá siembra y cosecha, frío y calor, verano e invierno, día y noche.*

(Génesis 8:22, PDT)

## ESPERA TU TEMPORADA, A TODOS NOS LLEGA

Cuando miramos que otros tienen más que nosotros y que están disfrutando lo que nosotros todavía no disfrutamos, es porque a ellos ya les llegó su temporada. Eso debe decirnos que a nosotros también nos llegará nuestra temporada, solo hay que saber esperar para poder llegar a disfrutarla.

La clave está en saber vivir la temporada, en saber vestirla, saber cómo enfrentarla. Por ejemplo, José en Egipto vivió diferentes temporadas y aprendió a ajustarse a cada una de ellas, teniendo que cambiar de vestimentas de la túnica de colores a ropa de sirviente; de ropas de sirviente a las de un preso en la cárcel; y finalmente a tener muchas túnicas de colores como gobernador de Egipto. El apóstol Pablo dijo: *Sé vivir humildemente, y sé tener abundancia; en todo y por todo estoy enseñado* (ver Filipenses 4:11–12). Esto nos enseña que a vivir se aprende.

Cuando nuestra temporada nos llega, veremos en un instante lo que no hemos visto en mucho tiempo. Cuando a Pedro el pescador le llegó su temporada, tuvo una pesca en minutos que no había obtenido en más de doce horas de trabajo.

Cuando a Jesús le llegó su temporada, en tres años y medio hizo lo que no había hecho en treinta años, que fue cambiar al mundo.

Nunca lo olvides: a todos nos llega nuestra temporada.

Así que endeudarse no tiene que ver con la situación de un país, ni con los deseos de adquirir algo; endeudarse es una decisión que cada uno tomamos.

Puedes llegar a tener lo que sueñas, pero debes aprender a controlar tus propios deseos por medio de la visión que Dios te ha dado.

 **A todos nos llega nuestra temporada.**

Muchas veces una visión nace de una necesidad. Dios impidió que Pedro pescara durante toda una noche para darle la visión que necesitaba para cumplir su propósito. Una necesidad puede ser lo que cambie tu destino. Considera lo siguiente:

+ **Los deseos de obtener algo vienen por creer que nos pueden dar la felicidad.** Ningún logro terrenal, nada de lo que adquieras en esta tierra te dará la felicidad, porque la felicidad está dentro de nosotros y es provocada por la gratitud de disfrutar lo que ya tenemos. Hay personas que piensan que serán felices cuando lleguen a tener lo que hoy no tienen, y no se han dado cuenta de que la felicidad está en el valor que le damos a las cosas que ya tenemos.

✦ **Los deseos de obtener algo no son malos; lo que es malo es querer saciarlos cuando todavía no es el tiempo porque no ha llegado nuestra temporada.** Hay personas que por buscar la felicidad en las cosas que no tienen se endeudan, se deprimen, se afanan y adquieren responsabilidades a las que no pueden hacerle frente, y roban a su futuro paz, gozo, deleite y celebración.

✦ **N** o **tomes prestado del futuro para obtener lo que deseas en el presente.** Te estarás robando esperanza a ti mismo.

✦ **No cometas suicidio financiero tratando de adelantar tu temporada.** Tarde o temprano esta te llegará sola. No pares de soñar, de visionar, de producir y administrar correctamente.

Muchas personas que se han suicidado financieramente terminan haciéndolo físicamente porque trataron de adelantar su temporada. Nada hacemos con pedirle a Dios que nos saque de las deudas si seguimos con la cultura del endeudamiento.

Recuerda: Hay un tiempo para crear el recurso y un tiempo para gastarlo. El problema es que cuando debemos crearlo, lo estamos gastando.

*El rico se enseñorea de los pobres, y el que toma prestado es siervo del que presta.*  (Proverbios 22:7)

De repente va a haber cosas de las que vas a tener que deshacerte porque las adquiriste fuera de tiempo. No le metas amor ni sentimientos a las cosas materiales porque estas pueden volver a adquirirse.

‹ **No gastemos el dinero que no hemos producido.** Esto es ajustar nuestra vida a lo que hoy podemos y que las apariencias no nos hagan meternos en responsabilidades financieras que no es el tiempo para adquirirlas.

 **Hay un tiempo para crear el recurso y un tiempo para gastarlo.**

Un presupuesto evitará que caigamos en la tentación de adquirir lo que no es tiempo. Muchos terminan comprando lo que no necesitan con el dinero que no tienen. Debemos siempre hacernos estas preguntas: ¿Necesito o quiero? ¿Debo o puedo? Estas preguntas nos darán las respuestas que necesitamos para las decisiones correctas. No debemos dejarnos seducir por el deseo, sino llenarnos con la esperanza de que el esfuerzo por crear el recurso nos llevará a la temporada de adquirir lo que deseamos.

‹ **Vive la temporada con esperanza, no con desesperación.** Porque en lugar de esperar con alegría por lo que queremos, la desesperación nos llevará a endeudarnos y a robarnos la esperanza por lo que queríamos.

*Porque en esperanza fuimos salvos; pero la esperanza que se ve, no es esperanza; porque lo que alguno ve, ¿a qué esperarlo? Pero si esperamos lo que no vemos, con paciencia lo aguardamos.*   (Romanos 8:24-25)

Dios nos formó para vivir en la esperanza, que es una fuerza en nuestro interior que nos hace esperar con paciencia y perseverancia. La esperanza nos mantiene llenos de ánimo, de alegría, en medio del proceso de espera, porque sabemos que llegará la temporada para disfrutar lo que soñamos.

+ **La esperanza desarrolla la capacidad de ahorrar.** El ahorro nace de la esperanza, que es un pilar de sabiduría en los buenos administradores. Dios nos enseña el ahorro para enfrentar situaciones inesperadas o para alcanzar sueños financieros.

José en Egipto usó el principio del 80/20. En el tiempo de los siete años de abundancia gastó el 80% y ahorró el 20%, viviendo por debajo de sus posibilidades. Cuando vinieron los siete años de escasez, pudo enfrentar sin problemas la mala temporada. Ahorrar nos prepara para las diferentes temporadas.

*Él creyó en esperanza contra esperanza, para llegar a ser padre de muchas gentes, conforme a lo que se le había dicho: Así será tu descendencia.*   (Romanos 4:18)

**La esperanza nos impulsa a creer que podemos lograr lo que deseamos.**

Toma la decisión hoy de creer que la temporada que tanto deseas va a llegar porque la estás provocando al leer este libro, al tener una visión, al no dejarte llevar por la pasión, al producir, al ahorrar y gastar con sabiduría y no con emoción.

Recuerda que la vejez no nos toma por sorpresa. Por eso debemos vivir preparándonos para llegar a ella con buena salud corporal, salud financiera y salud en nuestras relaciones.

+ **La vejez se prepara en las decisiones que tomemos hoy.**

*El bueno dejará herederos a los hijos de sus hijos; pero la riqueza del pecador está guardada para el justo.*

(Proverbios 13:22)

Si somos buenos en lo que hacemos, seremos recompensados. Tu temporada está lista para que se haga realidad.

# 2

## PROSPERIDAD EN TODO

¿Quién es un hombre próspero? ¿Será aquel que ha amasado fortuna o se codea con la fama? La respuesta podría ser más sencilla de lo que pensamos. La prosperidad no es tener dinero. Hay gente que es tan pobre que lo único que tiene es dinero.

Entonces, ¿qué es la *prosperidad*? La prosperidad tiene que ver con el individuo, con su paz, como bien dice la Biblia, es mejor un bocado en paz que un manjar en rencilla (ver Proverbios 17:1). ¡Cuánta sabiduría!

No hay dinero que compre la paz, porque la prosperidad es paz y esta tiene que ver con la salud.

Por supuesto que prosperidad también tiene que ver con recursos. Estos son necesarios para obtener las cosas que la persona quiere, lo que necesita o lo que sueña. Ese es el deseo de Dios para nosotros: que tengamos paz, salud y recursos para adquirir las cosas que queremos, que necesitamos o que soñamos.

Aquí cabe resaltar que no puedo saber para qué quiero tener más si no sé qué voy a hacer con ese excedente que Dios me ha concedido. Esta es la llave que va a abrir nuestro nivel de prosperidad integral.

*Amado, yo deseo que tú seas prosperado en todas las cosas, y que tengas salud, así como prospera tu alma.*

(3 Juan 2)

Vamos a ser prosperados en todas las cosas y para eso no es necesaria una guía financiera o de autoayuda. Todo está al alcance de la mano, porque para eso Dios nos dejó su Palabra y a través de ella podemos obtener los recursos que necesitamos, paz y salud.

La prosperidad también tiene que ver con las emociones, y a su vez, estas tienen que ver con la paz. El versículo anterior lo deja ver. Habla de salud y de cómo Dios quiere que seamos prosperados en todas las cosas. Claro, ¡cómo no habría de ser así, si un padre siempre va a querer lo mejor para sus hijos! Hay que entender que el deseo de Dios es que seamos prosperados en todas las áreas de nuestra vida. Para eso se requiere tener disposición para la enseñanza, un corazón humilde y obediencia.

Cabe preguntarse si pedirle a Dios prosperidad tiene que ver con su voluntad. Más bien, tiene que ver con una unión de voluntades: la de Él (que quiere que seamos prosperados) y la nuestra (donde queremos que Él nos prospere).

Cuando el individuo clama a Dios por prosperidad, hace que su voluntad y su fe se unan a la voluntad y el poder del Padre, y esa unión de la fe con lo sobrenatural y la omnipotencia de Dios permitirá ver el reflejo de su mano en esta tierra.

**Uno de los más grandes recursos con los que cuenta el ser humano es la mayordomía.**

No debemos dejar de pedirle a Dios que nos haga prósperos. Se vale pedirle una mejor casa, un mejor vehículo, un mejor estilo de vida, o sanidad y restauración. Dios así lo quiere y nunca se va a cansar de que le pidamos porque, de hecho, Él quiere dar; concedernos prosperidad, salud, paz, y aun cosas materiales. Pero es aquí donde surge la mayor de las acciones: debemos aprender a administrar lo que Dios nos da.

¿Por qué la gente se enferma? Porque no administra bien su cuerpo y eso la enferma. Por lo general, las personas no administran bien su tiempo ni sus recursos. Se olvidan de que uno de los más grandes recursos con los que cuenta el ser humano es la mayordomía. Tenemos que aprender a ser buenos mayordomos.

La Biblia dice que al mayordomo fiel se le dará más y al que no fue un buen mayordomo se le quitará lo que tenía. Es por eso que muchas veces Dios tiene que decirnos que no. Si en algún momento no indicado nos hubiera concedido las cosas materiales, quizá las hubiéramos echado a perder. Eso no lo haría un padre responsable: dar algo a un hijo que no tenga el carácter, la inteligencia y la madurez para saber administrar, por ejemplo, un vehículo o un negocio.

Hay que entender que si un hijo no tiene el desarrollo emocional o el conocimiento para recibir eso que quiere, va rumbo a una mala experiencia. ¡*Mayordomía*! Tengamos a la mano siempre esa palabra; seamos buenos mayordomos de lo que nos confía Dios.

## MENTALIDAD DEL BUEN MAYORDOMO

1. Pone a Dios primero en todo porque todo es de Él.

2. Recibe con gratitud todo lo que Dios le pone en sus manos. La gratitud sabe recibir.

3. Administra con obediencia a la Palabra todo lo que se le va confiando. Es fácil acusar y juzgar a Dios por no darnos lo que queremos. Sin embargo, el problema está en lo que hemos hecho con lo que Él ya nos ha dado.

4. Toma las bendiciones con la mano abierta para distribuirlas como Dios diga.

Los recursos de Dios no son para nuestra necedad, son para nuestra obediencia.

La mentalidad de un buen mayordomo se extiende más allá de la administración sabia de los bienes que Dios le da. *La mentalidad de un buen mayordomo asesina la mentalidad de pobreza.* ¿Y qué es la mentalidad de pobreza?

+ **Sentir vergüenza cuando se es bendecido con cosas buenas.** Hay personas que cuando les elogian lo que han adquirido, se sienten avergonzados al punto de que tratan de que muchos no se den cuenta de lo que han adquirido.

+ **Tratar de quitarle el valor de lo que realmente valen las cosas.** Cuando los elogian por lo que tienen, minimizan el costo y explican por qué lo adquirieron, por ejemplo: "Es que estaba en oferta", "Estaba muy viejo" o "Es que me lo regalaron".

+ **Justificar ante otros lo que adquieren.** Alegan argumentos de por qué lo adquirieron.

+ **Sentirse culpables por las bendiciones de Dios.** Esconden lo que Dios les confió: viajes, vacaciones, cosas materiales.

Cuando un niño exhibe ante sus amiguitos lo que le acaban de regalar, dice que fue su papá quien se lo compró. Así debemos ser nosotros cuando nos pregunten, decir que fue nuestro papá Dios quien nos bendijo con cosas buenas. ¿Cómo vamos a recibir cosas malas de un Dios bueno?

Si Dios te lo dio es porque confía en ti, quiere que lo cuides y lo disfrutes porque es recompensa por hacer bien las cosas.

¿Para qué voy a ser próspero? Cuando tengo claro el porqué, el cómo y el para qué, me va a ser fácil obedecer las instrucciones bíblicas. Son lecciones que no debemos desatender. Todos llevamos en nuestro interior un llamado de Dios para ayudar a los más necesitados. A todos nos mueve el deseo de ayudar a alguien más.

El otro día encontré en un diario una noticia sobre unas familias de escasos recursos cuyas viviendas sucumbieron ante el fuego. Entonces le dije a Dios: "Señor, llamaré a mi equipo de trabajo para ir con camiones a llevarles ayuda". No se trataba de un simple deseo, sino de una visión. ¡Vamos a darles mucho!

¿Por qué hacerlo? Porque eso conlleva prosperidad. Créelo: vas a tener mucho para dar; esa debe ser tu fe. Vas a ser bendecido para bendecir mucho. Vas a tener en abundancia para dar en sobreabundancia. Para dar más es necesario tener más. Aprovecho para aclararte esto, para que entiendas aún más por qué el deseo de Dios es que seas prosperado.

## LOS CUATRO PROPÓSITOS DE LAS RIQUEZAS

**Propósito #1**

**El propósito de las riquezas es para que nosotros alcancemos lo que soñamos.**

Todos nosotros tenemos sueños: una mejor casa, un mejor vehículo, un mejor estilo de vida, pagar la carrera universitaria, adquirir un bien. El propósito por el cual Dios nos dio la capacidad de producir y de administrar es para que podamos alcanzar lo que soñamos. El dinero es un recurso, no un dios. Es la provisión de una visión que llevamos por dentro, algo que Dios nos dio.

El sueño es la visión; las riquezas o el dinero son la provisión. Lo malo es cuando creemos que el dinero es la visión. Algunos erróneamente creen que la vida se trata de hacer dinero. La vida se trata de tener una visión que deje un legado y una herencia para nuestras generaciones. Un legado es lo que dejamos en alguien (formación, educación, valores). Una herencia es lo que dejamos para alguien (bienes materiales, empresas, negocios, ministerios). Por eso es tan importante ir formando al heredero conforme vamos creando la herencia.

Toda inversión que hagas en tu generación será la clave para no perder el esfuerzo que has tenido en crear el recurso financiero.

**El sueño es la visión; las riquezas o el dinero son la provisión.**

Jesús contó la historia de un hombre que tenía muchos bienes y que se dijo a sí mismo: "Voy a construir graneros para guardar estos bienes y vivir seguro y tranquilo el resto de mi vida", sin saber que aquella misma noche moriría, y no formó una familia para que disfrutara de sus bienes.

Un día, un gran empresario me dijo: "Cincuenta años de mi vida las dediqué a mi negocio, y cuando estaba viejo y cansado les dije a mis hijos que tomaran ellos la empresa porque yo ya estaba muy agotado. Su respuesta fue: 'Papá, cuando éramos niños y adolescentes nunca estuviste a nuestro lado por estar en tu empresa, por lo cual nosotros perdimos un papá, aunque tuvimos un gran proveedor". Queremos hacer cualquier cosa menos ser parte de esas empresas'". Con dolor y una gran frustración, este empresario terminó afirmando: "Hoy me doy cuenta de que por todo lo que luché me hizo perder lo más valioso, que es mi familia". Y añadió: "Hubiera sido más feliz con mucho menos de lo que hoy tengo". Esta es una gran lección para todos.

## Propósito #2

**El propósito de las riquezas es para que podamos bendecir a los necesitados.**

Cuando somos buenos administradores de los recursos, sabemos que de lo que Dios nos confía es para que alguien más se beneficie. Cuando no amamos el dinero, Dios no tendrá problemas en confiarnos mejores oportunidades para producirlo, porque nos convertimos en distribuidores de bendición para alguien más. Dios desea que tengas una economía sana para que a través de ti, Él pueda ayudar a otras personas.

Por ejemplo, cuando alguien le pide a Dios un trabajo él va a bendecir a un empresario para que le dé trabajo a esa persona. El propósito de tener es dar. Mientras lees, abre tu mano, porque cuando vives dando, siempre se te dará más. Pero también se te quitará más cuando cierras tu mano. Retienes, pero no tendrás más. Produce porque Dios te va a usar para ser un distribuidor de bendición para muchas familias.

## Propósito #3

### Las riquezas se producen para que nosotros podamos impulsar el avance del reino de los cielos.

A través de nuestros diezmos y ofrendas el reino de los cielos se establece aquí en la tierra. Así se pueden construir templos donde se adore a Jesús y ayuden a las personas en sus necesidades espirituales, emocionales, físicas y económicas. Se pueden desarrollar diferentes proyectos que beneficien a las comunidades; se pueden adquirir medios de comunicación y expandir el mensaje de fe y esperanza en medio de tantas malas noticias. Para todo esto es que Dios nos quiere bendecir. Nosotros somos dueños de nada; pero administradores de todo lo que Dios nos confía. Nadie decide ser administrador, ya que todos lo somos. Nada más que cada quien decide qué clase de administrador quiere ser, si un buen o mal administrador. Sin embargo, a todos nos toca administrar: tenemos que administrar el tiempo, fuerzas, talentos y los recursos financieros que producimos. Si lo hacemos bien, se nos confiará más. Dios bendice a gente específica para propósitos específicos. Ahí es donde la sana administración nos califica para ser bendecidos.

## Propósito #4

### Primero producimos y luego gastamos.

Quienes gastan antes de producir viven esclavos de las deudas, porque desean tener sin antes producir, lo que crea un ciclo de endeudamiento que puede pasar de generación en generación. Hoy en día es muy fácil endeudarse. El sistema está diseñado para atraparnos con la deudas. La forma de librarnos de esta trampa es vivir con el pensamiento de que primero debemos producir para luego poder adquirir.

## LO QUE SIGNIFICA TU "AMÉN"

Antes de que digas "Amén" desde aquí y durante todas las lecciones que siguen en este libro, es oportuno explicar el verdadero significado de esta palabra, y la forma en que nos comprometemos con Dios y con nosotros mismos cuando la decimos.

Muchas personas piensan que decir "amén" significa, de acuerdo con la tradición judía, "así sea". Pero esto no es así. Cuando un judío responde "Amén", en realidad está diciendo: "Creo y acepto lo que dice el sacerdote y estoy seguro de que va a suceder antes de que mi muerte llegue". Este es el significado original de amén. ¿Por qué los judíos lo creen y lo aceptan? Porque saben que el sacerdote habla la Palabra de Dios.

Por eso, cuando escuchamos la Palabra, debemos tener tal certeza. Los amenes están para cumplirse y no como un simple cierre de una frase durante una prédica. A partir de hoy, cada vez que invoques un amén, piensa: *Esto que dice la Palabra, a mí me sucederá antes de morir.*

*El que no escatimó ni a su propio Hijo, sino que lo entregó por todos nosotros, ¿cómo no nos dará también con él todas las cosas?*                    (Romanos 8:32)

Si Dios nos dio algo tan valioso como su Hijo, ¿cómo vamos a dudar de que nos puede dar algo menos valioso, como las cosas materiales? En Dios vamos a ser muy bendecidos, vamos a prosperar, porque mientras más tenemos, más vamos a poder dar para ayudar a aquellos que lo necesitan. Ten fe y di: "Voy a sembrar más en la obra del Señor; podré bendecir más a mi familia; ayudaré más a los pobres, a la sociedad, a construir colegios, escuelas, universidades". No te mueras hasta que eso pase.

¿Jesús vale más que un vehículo o una casa? Es obvio que es infinitamente más valioso. Entonces, si Dios ya nos dio a su Hijo, su más valioso tesoro, ¿cómo no nos va a dar lo que necesitamos? Pablo nos ha dicho que ya recibimos lo más valioso: a Jesús.

Entonces, ¿cómo Dios no va a darnos cosas de menor valor como una casa o un vehículo, un milagro o una sanidad? Lo que ocurre es que muchos aceptan que Dios les dio a Jesús, pero les cuesta creer que les puede dar un mejor estilo de vida.

# 3

## LO MÁS VALIOSO QUE DIOS YA TE DIO

Llegado el momento, oré a Dios para que me diera la propiedad que hoy alberga a la *Iglesia Visión de Impacto*. Sin embargo, Él me exhortó y me dijo: "¿Acaso no te di ya lo mejor?". Yo le respondí: "Por supuesto, me diste a Jesús". Y me llevó a leer el versículo de Romanos. Entonces entendí su mensaje. Me dijo que si no había escatimado en darme a su Hijo, lo más valioso de la tierra, del universo, del cielo, Él no iba a escatimar en darme aquello por lo que oraba, porque nada vale más que su Hijo.

Pero detengámonos por un momento y reflexionemos: según como tratemos al Hijo, será como Dios nos bendecirá más. La forma en que lo tratemos determinará si merecemos algo que vale menos que su Hijo, como lo es una vivienda o un vehículo. Como adoremos al Hijo, cuidemos de su Iglesia, de su obra y le sirvamos, así Dios nos va a dar. No podemos pretender que nos dé una casa para que la cuidemos si no somos capaces de cuidar al Hijo que Él nos dio.

Dios ha hablado fuerte a mi corazón. Me ha dicho que hay personas que no prosperan debido a la forma en que tratan a su Hijo. No le sirven, sino que procuran que Él les sirva. Lo abandonan, lo olvidan y no hacen bien las cosas para Jesús, lo más valioso que Dios nos ha dado. En esas circunstancias, ¿cómo esperan que les llegue la prosperidad? El Hijo de Dios no es una alfombra; de hecho, es más valioso que una empresa, una propiedad o un vehículo.

Hay personas que acuden a la iglesia y se olvidan de adorarlo con profundo amor y respeto. Insisto, ni siquiera administramos correctamente al Hijo, que es lo más valioso, por lo tanto, cómo pretender que Dios nos dé lo menos valioso, como un vehículo, una casa, un trabajo. Lo más valioso que tú tienes no son los ceros a la derecha de tu cuenta bancaria. Tampoco lo es la marca de ropa con la que te vistes, ni la posición social. La prosperidad no es el lugar que ocupas en la sociedad; la verdadera prosperidad es el amor y el respeto que le das a lo más valioso que nos ha sido entregado: Jesucristo. Sin duda alguna, Él es lo más valioso que puedes tener. Con

Él vas al cielo, obtienes sanidad y paz; serás gozoso. No serás victorioso con dólares, euros o yenes, lo serás con Él.

Pídele perdón a Jesús si no ha sido lo más valioso en tu vida. De la manera en que lo servimos, demostramos el valor que tiene para cada uno de nosotros.

En nuestra iglesia le servimos a Dios de la mejor manera, porque Jesús es lo más valioso. Lo hacemos como nos ha enseñado la Biblia: con amor, excelencia, sacrificio, esfuerzo y dedicación. Si la persona cuida a Jesús, consciente de que es lo más valioso, ¿cómo Dios no le va a dar cosas menos valiosas? Ese es uno de los secretos para tener buenas empresas.

Cuidar a Jesús también tiene que ver con la forma en que nos vestimos para venir a la casa del Señor. ¿Acaso nos presentaríamos mal vestidos a una entrevista de trabajo o el día de nuestra boda? La presentación cuenta porque mi apariencia también indica el valor que le doy a las cosas que hago.

No puedes esperar bendiciones financieras si no le das valor a lo más preciado que existe en la vida, porque los euros, los dólares, los bonos, las riquezas, los bienes o cualquier otra cosa ni dan vida eterna, ni dan paz.

Cuando se tiene a Jesús en el corazón, calificamos para ser prósperos porque ya tenemos lo mejor. Ahora lo que corresponde es cuidarlo. Así funciona el reino.

*Este pobre clamó, y le oyó Jehová, y lo libró de todas sus angustias.* (Salmos 34:6)

Es evidente que cuando el individuo carece de medios económicos para suplir sus necesidades, cae preso de la angustia. No hay nada peor que vivir con deudas y no poder pagarlas. Recordemos que David era pobre. En la cueva de Adulam vivía en pobreza, rodeado de personas endeudadas y afligidas. ¿Cómo terminó David su historia? En el palacio real, como el hombre más próspero de toda la nación.

Su historia nos deja una enorme enseñanza: cualquier pobre tomado de la mano del Señor podrá salir de su pobreza y tener un mejor estilo de vida.

¿Quién lo llevó de la cueva de Adulam al palacio real? No fueron su conocimiento, ni sus estrategias militares o sus sobornos. A David lo llevaron al trono la gracia, la misericordia y el favor de Dios. Eso mismo está a nuestro alcance siempre y cuando tengamos corazones como el de David, quien amó al Señor y cuidó su presencia.

Sí, cometió errores como cualquier ser humano, pero nunca dejó que otros asuntos en su vida fueran más importantes que Dios. Nosotros tenemos esa misma presencia, el Espíritu Santo, y David lo adoraba.

Si amamos, adoramos y honramos a Dios, esa misma historia puede escribirse para nosotros. Amemos y honremos al Hijo y más nos será dado.

*¿No es que partas tu pan con el hambriento, y a los pobres errantes albergues en casa; que cuan do veas al desnudo, lo cubras, y no te escondas de tu hermano?* (Isaías 58:7)

Cuando doy mi pan al pobre, mi justicia irá delante de mí y la gloria de Jehová será mi retaguardia. Hay promesas de prosperidad que solamente se cumplen cuando hacemos algo por el prójimo. Es un error pensar que el dinero y las bendiciones son solo personales. En realidad, Él nos da las bendiciones para que alguien más se beneficie con ellas.

Probablemente, esa persona no tiene la fe que yo tengo, por tanto, Dios me utiliza, usa mi fe, esfuerzo, valentía y mis principios.

La Biblia enseña que si le damos pan al hambriento, si cubrimos su desnudez, entonces la justicia de Dios irá por delante. En pocas palabras, nos bendecirá cada vez más; además de cuidar y proteger aquello que producimos.

**Él nos da las bendiciones para que alguien más se beneficie con ellas.**

Es importante entender que Dios quiere que tengamos para que alguien más se beneficie de todas esas bendiciones. Si cuidamos a Jesús sabiendo que es lo más valioso, entonces Dios puede confiarnos todo lo demás. ¿Para qué lo hace? No solo para que, al igual que David, la persona deje de ser pobre, sino que alguien más que no tiene sea bendecido.

Las dificultades financieras evidencian la existencia de dos tipos de personas: la gente necesitada y la gente hambrienta. Los primeros tienen necesidades sin atender; los segundos, no tienen ni para comer.

Así como hay personas que necesitan pagar la luz o la casa, hay otros que necesitan alimentarse. Dios quiere que seamos aquellos que dan de comer en vez de aquellos que piden comida.

La mayoría de los seres humanos nacen pobres, pero ese no es el deseo de Dios. En realidad así lo quisieron sus padres, sus abuelos, sus bisabuelos, de generación en generación.

En algún momento existió una generación que produjo riqueza, otra que la perdió y una que nunca hizo nada, y por eso se quedó con las manos vacías. Otra generación se conformó con hacer cosas para otros, nunca para sí mismos.

Cuando Dios sacó a Israel de Egipto, no lo sacó pobre, lo hizo con todos los tesoros de Egipto. Porque su plan siempre ha sido que su pueblo tenga para alabarle. Israel salió con sus tesoros para ir a adorar a Dios en el desierto y presentarle ofrendas. Sus manos no estaban vacías.

Quizá provengas de una generación que produjo riqueza y nació rodeada de comodidades. Quizá seas parte de una generación que más bien perdió algún bien o una fortuna; es posible que hasta pienses que nacieron para ser pobres. Sin embargo, debemos hacernos estas preguntas: ¿tiene que repetirse la historia? ¿Le toca ahora a mi generación o acaso algo va a cambiar?

Los antepasados cristianos evitaban hablar en la iglesia de prosperidad porque creían que era pecado. Estaban convencidos de que los ricos iban al infierno. Creían que la pobreza era el destino para "los hijos del dueño del oro y la plata". Pero esto no me cabe en la cabeza. ¿Cómo es que el hijo de un millonario no tiene derecho a vivir mejor? Merecemos una buena vida, un mejor nivel económico, una cama confortable, una vivienda más linda.

Recordemos la promesa de Dios: si nos dio a su Hijo, que es lo mejor, Él puede darnos las demás cosas; pero hay que saber cómo alcanzarlas y lograrlas.

Y este es precisamente el punto al que quiero llegar: todo lo que Dios me da, aparte de lo que me corresponde, es para alguien más. Tendré mucho para dar. El problema de las riquezas es que se quedan en manos de muy pocos, y esas personas aplican aquello de "yo primero, yo segundo y yo tercero; si queda algo, es para mí también".

Dios hace justicia por mi fe usando mis obras. ¿Qué hay detrás de mí? La gloria de Jehová, que protege lo que produzco porque de ahí voy a cumplir su Escritura y veré su justicia. Es necesario eliminar la mentalidad de pensar primero en nosotros para poder darle pan al necesitado, así es como veremos la recompensa.

Jesús así nos lo ha enseñado:

*Pero estando él en Betania, en casa de Simón el leproso, y sentado a la mesa, vino una mujer con un vaso de alabastro de perfume de nardo puro de mucho precio; y quebrando el vaso de alabastro, se lo derramó sobre su cabeza.* (Marcos 14:3)

Los mismos discípulos se enojaron porque lo consideraron un desperdicio. Hablaban de lo que hizo esa mujer con aquello que le pertenecía. Pero Jesús dijo:

*Dejadla, ¿por qué la molestáis? Buena obra me ha hecho.*   (Marcos 14:6)

Hay personas que hablan mal de los cristianos porque consideran que entregarle a Dios es un desperdicio. Los discípulos pensaron que darle ese perfume a Jesús era demasiado. Lo mismo ocurre en la actualidad, pues hay personas que consideran que darles cosas a nuestros seres amados es desperdiciar.

En cierta ocasión, una persona me llamó "tonto" por comprarle unos zapatos caros a mi esposa. Pero si volvemos a la historia de la mujer, la Biblia nunca dice que el darle el perfume a Jesús fue malo, más bien dice que fue una buena obra (ver Marcos 14:3–4).

Las buenas obras son aquellas que hablan de nuestra fe. Las obras hablan de nuestra fe, no de nuestra salvación. Esta última no se gana por obras; es por gracia. Al venir ante Dios con un diezmo o una ofrenda, usamos nuestra fe. Cuando le damos algo al necesitado, usamos nuestra fe, porque creemos que Él nos ha otorgado para darle a alguien más.

*Siempre tendréis a los pobres con vosotros, y cuando queráis les podréis hacer bien; pero a mí no siempre me tendréis.*   (Marcos 14:7)

¿Cuándo debemos hacer bien a los pobres? Cuando queramos. ¿Cuándo tendremos a los pobres con nosotros? Siempre. ¿Hacerle un bien a un pobre es un mandamiento o es algo que Dios deja a mi elección? Lo deja a nuestra voluntad.

Dios nos dice que cuando queramos, ayudemos a los pobres. Visto de otra manera, Jesús no nos obliga a dar. Lo que nos dice es que cuando tengamos el deseo y la determinación, debemos hacerlo. Dios no quiere obligarnos, si no, lo habría convertido en una ley. Lo deja a nuestro criterio para que probemos de corazón el porqué deseamos riquezas. Para ser próspero, debo tener el deseo de dar a aquellos que me rodean: los pobres. Recordemos la historia de Zaqueo, el publicano jefe de recaudadores que era inmensamente rico, al escuchar a Jesús, le dijo: "Señor, devuelvo cuatro veces a todo aquel que yo haya defraudado y la mitad de mis bienes se la daré a los pobres". ¿Por qué no les dio el 20 %? ¿Por qué no la totalidad de su riqueza? Porque a los pobres se les da lo que la persona propone en su corazón. Cuando Zaqueo dijo eso, Jesús le respondió: "Hoy ha llegado la salvación a esta casa".

Aquel hombre rico logró entender que la riqueza no era solo para él, sino para compartirla con alguien más. Le nació del corazón, debido a su encuentro con Jesús. Ya tenía en su casa lo más valioso: Jesús. Entonces tomó lo menos valioso (el dinero) y lo entregó a los pobres.

¿Qué hizo el joven rico cuando Jesús le pidió que les diera a los pobres todo cuanto poseía? Aquel muchacho no podía amarlo porque amaba algo menos importante, y no es posible poner en el corazón algo cuando su lugar lo ocupa otra cosa.

Si no dejaba su amor al dinero, no podía amar a Jesús y por eso le dijo: "Te voy a quitar lo que te impide que me ames: el dinero". Le pide que se lo dé a los pobres, pero escogió quedarse con su amor al dinero. Tenemos que darle a los más necesitados, porque esa acción es la que prueba el corazón, el porqué le pedimos a Dios prosperidad.

*En cuanto a la pasada manera de vivir, despojaos del viejo hombre, que está viciado conforme a los deseos enga-*
*ñosos.* (Efesios 4:22)

## LAS ESCRITURAS DEBEN SER TU ESPEJO

¿Sabes qué es una Biblia? La Biblia es un lavacro, es decir, el lugar al que llegaba el sumo sacerdote a lavarse la sangre con la que se había ensuciado por sacrificar animales para presentar ofrendas por el pueblo. Ese lavacro estaba hecho de plata reluciente, por eso el sumo sacerdote podía ver su rostro en él conforme se lavaba. Lo mismo pasa con la Biblia. Las primeras veces que queremos hacer lo que ahí dice, nos vemos feos. Nos habla de perdón, pero al ver nuestro rostro vemos odio.

Sin embargo, conforme nos lavamos en las Escrituras, comienza a reflejarse en nosotros aquello que ahí está escrito, y aparece un rostro descubierto a la misma imagen del Señor.

Muchas veces cuando predico, algunas personas pueden interpretar el mensaje como "Ese no soy yo". Pero Dios permite que lo vean de esa forma para comenzar así un proceso de transformación. Es algo así como mirarse en un espejo.

El día que te veas reflejado en las Escrituras será enton- ces el momento de decir: "Lo estoy alcanzando". No debemos sentirnos mal si no encontramos parecido. Lo importante es intentarlo cada día. Efesios 4:22 lo explica muy bien. El nuevo hombre es el que Dios quiere que seamos, creado según su justicia, en la santidad y en la verdad.

La Biblia en Efesios nos revela aquello en lo que debemos renovarnos: el que mienta, que no mienta más; el que se enoja, que no se llene de ira. Que no se ponga el sol sobre el enojo. En el versículo 28, Dios da una de sus lecciones más poderosas:

*El que hurtaba, no hurte más, sino trabaje, haciendo con sus manos lo que es bueno, para que tenga qué compartir con el que padece necesidad.* (Efesios 4:28)

Esto quiere decir que todo aquel que robó alguna vez y ahora es cristiano, tiene un mandato de Dios: ya no robe más, trabaje, y de lo que produzca, dele una parte al necesitado como un pago de lo que un día robó antes de conocer al Señor.

Este es, además, un mandato apostólico de Pablo. Y eso fue, precisamente, lo que hizo Zaqueo: devolver cuatro veces más a todo aquel que defraudó y la mitad de sus bienes los entregó a los pobres.

Debemos decir a nosotros mismos: "Señor, voy a prosperar mucho, y de todo lo que me des, en las manos de alguien más va a quedar, porque he sido transformado y renovado". Debemos devolverle a la sociedad. Más de un empresario correría al percatarse de que los impuestos que dejó de pagar no se los quitó al gobierno, sino al pueblo. Y aquí no se trata de un asunto de tener dinero; se trata de hacer lo justo y lo que es correcto. Con ese dinero, el Estado construye obras que traen bienestar a todos.

No debemos tomar algo que no es nuestro, así sea un lapicero de mi jefe "porque tiene muchos". Es una excusa torpe porque deja de lado la integridad.

Tampoco es posible prosperar si robamos horas de trabajo; si nos pagan por cumplir una tarea, por ejemplo, pero en vez de eso invertimos tiempo en redes sociales.

Ladrón es todo aquel que toma algo que no le pertenece: una hoja, un lápiz, una tarea, el honor, la honra, los impuestos. Robar también pasa por ofrecer descuentos engañosos porque, a fin de cuentas, a la persona no le roban un porcentaje, sino que es un robo a la credibilidad de esa empresa. Una burla a la inocencia.

Dios me pidió que enseñara estas cosas, pero yo no quería, no me sentía cómodo. Entonces me dijo que así como le enseñaba fe al pueblo para prosperar, tenía que enseñarle cómo se prospera.

## TUS FINANZAS Y EL DIEZMO

Comencemos por darle los diezmos a Dios, le pertenecen a Él. Le robamos a Dios si nos los quedamos; no hay que robarle a Dios. No debemos acomodarnos a las circunstancias. Ya sea que hayas robado o no, siempre es posible darle a alguien más, si esto proviene de un deseo del corazón. Entonces se convierte en un estilo de vida, motivado por el deseo de ser transformados conforme a la Palabra de Dios.

*A Jehová presta el que da al pobre, y el bien que ha hecho, se lo volverá a pagar.* (Proverbios 19:17)

¿De quién son los diezmos? De Dios. Cuando le doy dinero a mis padres, ¿qué les doy? ¡Honra! La Biblia nos enseña que ese es el camino para que nos vaya bien.

¿Pero qué ocurre cuando le doy a un pobre de lo mío? Le presto a Dios. ¿Quién nos paga eso de vuelta? Dios mismo, porque el pobre no tiene los medios.

Cuando le prestamos a Dios, Él nunca va a devolvernos lo mismo; siempre nos va a devolver más porque todo lo que toca, lo multiplica. Ese es su ADN. Es su forma de hacer las cosas. Cuando le damos a un pobre, en verdad lo damos al mismo Dios. Todo lo que le demos a un pobre seguirá siendo nuestro, porque Dios será quien nos pague. El que da al pobre no tendrá pobreza. El que cierra sus ojos a la necesidad, tendrá maldiciones.

¿De qué forma paga Dios? Él nos enseña la forma de bendecir para no ser nunca pobres. Uno de los problemas que tenemos es que pedimos sus bendiciones, pero hay gente que no sabe para qué las pide.

Dios nos deja prosperar para dar al pobre, no para convertirnos en un pobre que necesita que le den.

# 4

# SANTIDAD FINANCIERA

**H**ablemos de algo que no enseñan en la universidad, pero es un mensaje transformador.

> *Riquezas, honra y vida son la remuneración de la humildad y del temor de Jehová.* (Proverbios 22:4)

La Biblia enseña que las riquezas, la honra y la vida son la recompensa o remuneración de la humildad y del temor de

Jehová. Tener bienes materiales es la recompensa que Dios nos da por tener una vida santa.

Sin embargo, ese temor debe entenderse como respeto, reverencia, honra, reconocimiento de Dios. La santidad se ve reflejada en nuestra condición financiera porque, como bien lo dicen las Escrituras, la santidad trae finanzas, riquezas y honra.

Hay gente que comete pecados no tanto morales, sino financieros, y eso no les permite vivir en santidad. En consecuencia, carecen de finanzas sanas y saludables. Así como debemos ser santos moralmente, tenemos que ser santos financieramente.

Este capítulo trata acerca de la santidad financiera. ¿Qué es actuar con diligencia financiera?

*Los pensamientos del diligente ciertamente tienden a la abundancia; mas todo el que se apresura alocadamente, de cierto va a la pobreza.*		(Proverbios 21:5)

La segunda parte del versículo nos enseña que los pensamientos del diligente conducen a la abundancia. La palabra "diligente" denota, en su sentido original, decisión y determinación para hacer que las cosas correctas pasen.

Si mi mente es diligente y soy el tipo de persona decidida y segura de que en mi vida van a suceder las cosas correctas, sabiendo lo que dice la Biblia, me irá bien en esta tierra.

Debemos decirnos a nosotros mismos: "Soy diligente, tengo determinación. Estoy decidido a hacer que las cosas correctas sucedan".

Una persona diligente está llena de fe. Recordemos que la fe es la que nos mueve a hacer que las cosas sucedan. Es la fe la que nos lleva a ser determinados y decididos para pensar en abundancia. Si a ti no te gusta pensar en riquezas, no vas a tener la mente diligente para creer, hacer y determinar tener riquezas.

Es una blasfemia contra las Escrituras creer que Cristo solo vino a salvarnos y a perdonarnos. La Biblia dice que Él se hizo pobre para que todos seamos enriquecidos y las Escrituras están llenas de promesas que hablan de eso. Ahora, venimos de una cultura en la que no lo entendemos de esta forma. Decir que no es posible hacer riquezas es una mentira. La mente del diligente tiende a la abundancia. Si este día así lo determinas, seguro terminarás por tenerla.

Si en tu generación hubo pobreza, deuda, miseria o ruina, hoy es un buen momento para decir: "Ahora soy un hijo de Dios; eso se acabó porque tengo la Palabra".

Prepara tu mente; enfócate en la abundancia. Comienza a producir para que tus hijos puedan disfrutar de las riquezas que puedan tener en esta tierra.

Piénsalo, con solo hacerlo, empezarás a inclinarte hacia esa abundancia.

*Sino acuérdate de Jehová, tu Dios, porque él te da el poder para hacer riquezas, a fin de confirmar su pacto que juró a tus padres, como en este día.* (Deuteronomio 8:18)

¿Quién nos da el poder para hacer las riquezas? La respuesta es única: Dios. Sin embargo, soy yo el que las tengo que producir. Uno de los grandes problemas de los cristianos es que tienen el poder para hacer algo, pero no saben cómo hacerlo. Generaciones de cristianos han tenido ese poder y han muerto sin nunca disfrutarlo porque nunca les enseñaron cómo.

**La diligencia es parte del poder que nos ha sido entregado para hacer riquezas.**

Entendamos que la abundancia y las riquezas no se buscan; son una consecuencia de ser diligentes. Si tienes una mente diligente, en cualquier momento las riquezas te alcanzarán.

La persona decidida y determinada a hacer que las cosas correctas sucedan sabe que las riquezas de Dios van a llegar porque Él nos dio el poder para lograrlo. Créelo con la misma fe y convicción con las que aceptas que Dios perdonó tus pecados. No importa si alguna generación o nuestros padres no lo hicieron; entendamos que es posible generar un cambio.

Dios no nos da nada que no aceptemos, por eso es necesario aceptar que estamos dispuestos a vivir en abundancia. De lo contrario, bloquearíamos las promesas de las Escrituras y en lo que se refiere a lo financiero, no podríamos levantarnos.

Debemos confiar en que Dios nos va a prosperar de tal forma, que a nosotros nos quedarán las riquezas y a Él la gloria. ¡Acéptalo, créelo!

## TRES FUNDAMENTOS PARA LOGRAR UNA ECONOMÍA ESTABLE

Las personas diligentes y decididas se enfocan en lo siguiente:

### APRENDER A DAR

Un alto porcentaje de los pastores les han enseñado a los cristianos sobre la importancia de dar, pero se han enfocado solo en diezmos y ofrendas. Eso está bien, pero no debería limitarse a eso.

¿El 10 % de lo que ganas de quién es? De Dios. El 90 % es tuyo; pero así como nos enseñan a dar lo de Dios, tenemos que aprender a administrar lo que nos queda.

### DARLE A DIOS DIEZMOS, OFRENDAS Y PRIMICIAS

Si no se hace y ya se ha aprendido, estamos en desobediencia, y en la desobediencia no hay bendición. Si quieres ser una persona que tiende a la abundancia, sé diligente, determinado y decidido en dar diezmos, ofrendas y primicias.

### DARLE AL CÉSAR LO QUE ES DEL CÉSAR

¿Qué es esto? Pagar los impuestos; dar al gobierno lo que es del gobierno; pagar a nuestra sociedad la luz y el agua que usamos. Este es un principio de diligencia que siempre nos va a mantener en abundancia, es decir, que no nos corten la luz, el teléfono o el agua.

Cuando damos diezmos y ofrendas, se abren las ventanas de los cielos y cae una bendición sobre nuestra vida.

## DAR A LOS PADRES

La Biblia dice que a los padres les tenemos que dar honra, porque ese es el primer mandamiento. Bendecirlos al darles traerá largura de días y todo saldrá bien.

Aprendamos a darles a los padres no solo besos, abrazos y quejas; sino zapatos, ropa, un paseo o lo que necesiten. Darles a los padres es como darnos a nosotros mismos, debido a lo que cosechamos al hacerlo.

## DAR A LOS POBRES

La Biblia dice que quien da a los pobres nunca tendrá pobreza. Dar a los pobres es prestarle a Dios. Recordemos que cuando le damos a un pobre, el dinero sigue siendo nuestro. El pobre no nos lo va a pagar porque no tiene los medios. ¿Quién lo hará? Dios.

Si damos arroz, hay que prepararse porque Dios dará abundancia de arroz. La alacena nunca estará vacía, porque quien da a los pobres, nunca tendrá pobreza. Es como una cobertura para no ser pobre, como dice la Biblia. Este es un principio fundamental que todo pastor debe enseñar a su iglesia.

## APRENDER A PRODUCIR

Es parte de lo que necesitamos aprender: cómo producir siendo un buen trabajador, producir para levantar un negocio propio, y producir para hacer buenos negocios.

## ADMINISTRAR

En la administración debemos saber cómo gastar y cómo invertir. Dar desata la bendición. Producimos mediante el trabajo o un negocio, pero es necesario aprender a administrar. De lo contrario, gastaremos mal lo que producimos.

## DILIGENCIA Y NEGLIGENCIA

El negligente produce pobreza; el diligente produce riqueza.

El negligente, por ser flojo y negativo, termina perdiendo lo que se le ha confiado; el diligente, por ser determinado y decidido, multiplica y hace crecer lo que se le confió. Al negligente se le confía un trabajo y por flojo lo pierde. Al quedarse sin empleo, se endeuda y pide prestado. Como no paga, termina en la pobreza.

El diligente hace que las cosas correctas sucedan. Por eso tiene trabajo y recursos para continuar sus estudios. Se esfuerza y es buen trabajador, entonces crece hasta ocupar un cargo importante. La gente que le rodea aprende a ser diligente y edifica sus propias empresas.

La negligencia es engaño y traición: se engaña a ese jefe que confió en nosotros y por eso perdemos el trabajo; se traiciona a la esposa porque con ese trabajo llevaríamos sustento al hogar; se traiciona a quien nos recomendó, pues gracias a sus referencias fuimos contratados.

Por medio del trabajo demostramos lo que somos. Al levantar un negocio, demostramos que somos empresarios. No hay que decir que somos diligentes, hay que serlo. Porque la mano de los diligentes enriquece; la mano de los negligentes empobrece.

*El que recoge en el verano es hombre entendido; el que duerme en el tiempo de la siega es hijo que avergüenza.*

*Hay bendiciones sobre la cabeza del justo; pero la violencia cubrirá la boca de los impíos.* (Proverbios 10:5–6)

¿Vienen bendiciones porque soy justo o porque tengo el comportamiento de un justo?

Muchos creen que recibimos bendiciones porque Cristo nos justificó en la cruz. Cristo nos justificó para que al morir vayamos al cielo. Pero las bendiciones en la tierra vienen cuando, por ser justo, me comporto como lo que soy.

Dios nos bendice porque somos esforzados, diligentes y nos comportamos como un justo. Si eres justo, compórtate como tal y las bendiciones vendrán sobre tu vida.

Ahí está el secreto del fracaso de muchos cristianos que le piden bendiciones a Dios bajo la excusa de que son sus hijos, pero no se comportan como tales. Por eso muchos prosperan sin ser hijos de Dios, porque se comportan como si lo fueran: son diligentes y tienen actitudes de justicia. No obstante, dejan de lado un detalle: al morir, no irán al cielo.

Un hijo de Dios al morir va al cielo, pero si no se comporta como tal, no puede ser bendecido aquí en la tierra. Repítete una y otra vez: "Soy diligente y Dios me ha dado el poder a través de la diligencia, para hacer las riquezas".

*¿Has visto a alguien diligente en su trabajo? Se codeará con reyes, y nunca será un don nadie.*

(Proverbios 22:29, nvi)

Si soy justo, mi diligencia me llevará a codearme con los grandes; nunca seré un don nadie. Comienza por eliminar cualquier apodo. No dejes que te marquen de esa forma; sé diligente. No vas a morir siendo un "don nadie" porque Dios te quiere con los grandes. Él te quiere en una posición que te permita influir sobre el Estado, la empresa privada, la familia o los clientes. A los pobres nadie los escucha; a los ricos les creen aunque mientan. ¿Por qué ocurre esto? Por su posición. Quizá te sientas viejo, o no tienes estudios, ni un gran trabajo... ¡olvídate de esos argumentos! En vez de eso, acepta que eres diligente y que Dios te quiere en una posición en la sociedad. Cuando abras la boca serás como José o David, que engrandecieron el nombre de Dios.

Si somos diligentes, seremos los mejores vendedores, los mejores gerentes, los mejores profesionales, porque a quien más le conviene darnos una posición, es a Dios. Así hablaremos de Él y ganaremos a muchos mediante nuestra influencia. Naciste para ser cabeza, no cola. Utiliza esa posición para compartir el evangelio; serás escuchado.

# 5

## NEGOCIO PRIMERO, CASA DESPUÉS

*Prepara tus labores fuera, y disponlas en tus campos, y después edificarás tu casa.* (Proverbios 24:27)

El diligente enriquece porque sus pensamientos lo llevan hacia la riqueza. Muchas personas sueñan con tener un negocio propio y existe un secreto para levantarlo: el negocio es primero, la casa después.

Comprar una casa, pero sin tener un negocio, es enterrar el dinero. La mayoría de las esposas le tuercen el brazo al esposo para que primero compre una casa. Es algo normal, pues sienten que una vivienda les va a dar una seguridad. Anormal es aquella que opta por el negocio, sabiendo que esa es la vía para tener la casa que quiere, no la que su marido puede darle. ¡La mujer sabia edifica la casa!

Si no tienes un negocio, no puedes producir el dinero para luego comprar un inmueble. La sociedad nos ha vendido la idea de que un inmueble es seguridad, pero debo insistir: comprar una casa sin un negocio, es sepultar dicha vivienda alrededor de 25, 30 o 40 años. Pero, tomar el dinero e invertirlo en un negocio, en unos años será posible comprar la casa. Por lo regular, las personas tienen miedo de perder esta última. Sin embargo, la Biblia dice con claridad: primero los negocios y luego la vivienda.

¿Y qué si nos quedamos sin casa? Pues se alquila una y ya; luego, con lo que se produzca mediante el negocio, se compra otra casa. ¿Eres lo suficientemente diligente?

La verdadera seguridad es poner el dinero a trabajar, porque al hacerlo, produce más dinero. Pero si el dinero se gasta en aquello que pensamos nos dará una seguridad, careceremos de recursos para producir. Por eso, muchas personas viven con las manos vacías y no tienen nada más de lo que un día pudieron tener.

*Si piensas construir tu casa, atiende primero a tus negocios, y no desatiendas a tu familia.*

(Proverbios 24:27, TLA)

Primero los negocios que la casa, sin que eso signifique que desatendamos a la familia. Tener una actividad comercial jamás justifica dejar a la familia de lado. Es un error meter a la familia en una casa, y que por tratar de ver cómo cumplir con los pagos, dejemos de darles lo que necesitan.

Cuando se tiene un negocio propio, se es el jefe, se fija uno el salario y el horario. Con el dinero que se produce, se compra uno una casa, y como somos nuestro propio jefe, sacamos tiempo para la familia.

Eso sí, nunca debemos olvidar guardar siempre el tiempo para honrar a Dios, porque luego, Él puede tomar acciones si no sabemos administrar lo que nos ha sido concedido. No vaya a ser que le enviemos el mensaje equivocado: "Mientras más me bendices, más me alejo". ¡Cuidado!

Mientras más nos dé, más debemos ahorrar, servirle, ser más justo con Dios, porque Él ha sido justo conmigo. Mientras más tengo, más fiel debo ser con Dios.

¿Tienes que vender la casa por el negocio? Hazlo, no tengas miedo. No debemos meterle sentimientos a los logros materiales. Quizá vivas en la casa de tus ancestros y te agrada vivir entre paredes resquebrajadas por una cuestión sentimental. ¿No te atreves a venderla para invertir en el negocio? ¿Cuál es el miedo si Dios está con nosotros?

No puede ser que los que no son hijos se lleven las bendiciones que deberían ser para los justos, que las pierden por cobardes. Soy un emprendedor, y en lo que me meto me va bien, sin embargo, antes tenía un problema, me metía en negocios y me iba bien, pero ya no tenía tiempo para ser pastor. Dios me pidió que le enseñara a mi gente sobre los negocios, porque en la medida en que ellos los alcanzaran, esa sería mi recompensa, tal como un padre se alegra de ver a sus hijos tener éxito.

De manera que, todos los negocios que llegues a tener por tu diligencia deben ser para honrar a Dios, y Él te va a honrar; tendrás ganancias y riquezas.

*Por lo cual tuve miedo, y fui y escondí tu talento en la tierra; aquí tienes lo que es tuyo.*　(Mateo 25:25)

El temor nos hace negligentes. En lugar de tener el dinero escondido, debemos ponerlo a trabajar. El miedo a perder las cosas materiales paraliza. ¿Y si pierdo el dinero? ¡Qué mejor perderlo en el intento por ser diligente! Si lo trabajaste, Dios hará que lo produzcas de nuevo, pero no lo escondas en la tierra.

Recuerda que Dios te dio el poder para hacer riquezas; pero el miedo es el mayor enemigo de la inversión, lo que puede provocar que pierdas la oportunidad como aquel hombre que traicionó al Señor. A ese hombre Dios le confió un talento, y el Señor esperaba la recompensa. En vez de eso, esa persona tuvo miedo, fue negligente y terminó convertido en un traidor, un farsante, un perezoso.

El Señor nos reclama el 10%. Pero eso no es todo lo que a Dios le pertenece, sino aun nuestra vida entera, pues al final de los días tendremos que dar cuenta de lo que hicimos con aquello que Él dejó en nuestras manos. Por tanto, daremos cuentas del 90%. En otras palabras, es un error pensar que como ya entregamos aquello que le corresponde a Dios, no debemos rendirle cuentas por el resto.

Lo que diré ahora es una revelación del cielo, deseo que tengas el corazón para recibirla.

*El bueno dejará herederos a los hijos de sus hijos; pero la riqueza del pecador está guardada para el justo.*
(Proverbios 13:22)

El negligente es aquel que se llena de miedo, que no invierte, sino que entierra el dinero y no lo pone a producir. Por pensar de esa manera va camino a la pobreza. El diligente es aquella persona que arriesga porque es determinada y decidida a hacer que las cosas correctas pasen, toma riesgos y dispone de lo que tiene en sus manos.

El que es buen padre les deja herencia a sus hijos. Quizás a ti te dejaron deudas, o ni siquiera te dejaron dónde vivir o morir. Esto ocurre porque probablemente tus papás no tuvieron la oportunidad de recibir una enseñanza como esta. Ellos recibieron conceptos de los abuelos y tatarabuelos, bajo la premisa de que se criaron en miseria; en sus hogares se hablaba de carencias.

Pero déjame decirte que todas estas vivencias, sufrimientos, desprecios y vergüenzas, Dios los va a usar como parte de un plan. Por eso este libro ha llegado a tus manos, tal vez de la forma más impensable. Dios preparó un plan, porque con Él vas a construir grandes cosas y vas a codearte con los grandes.

Un día, mientras conducía, mi hija me preguntó por el nombre de una conocida pizzería. Detrás de ese negocio existe una curiosa historia de perseverancia. Esos grandes negocios son una fuente de inspiración, porque al conocer la historia de sus fundadores, nos damos cuenta de que eran personas comunes que se atrevieron a invertir. Y no solo hay que buscar en la historia de las grandes firmas internacionales; en nuestras naciones hay muchos casos de esos.

A aquellos que ya tienen una empresa, les digo: es tiempo de crecer; no deben limitarse. Es momento de abrir dos o más franquicias. Nada debe limitarnos. Pongamos nuestro dinero a trabajar, a producir.

Quiero llamar tu atención a algo. Muchos han pasado veinte años con el mismo negocio y no se han movido porque su ganancia fue su techo. Sería mejor que no hubieran ganado nada. Recibieron un dinero y se acomodaron a eso. Dijeron: "Así estoy bien". Pero olvidan que el bueno le deja herencia a sus hijos y a sus nietos, porque les habló de Jesús y fue próspero.

Debemos ser diligentes en producir lo que el Señor nos ha confiado en el trabajo y los negocios. La Biblia dice que se nos dará más para dejar una buena herencia a nuestra descendencia. ¿Seremos de los que dejamos herencia o de los que guardamos para que otros nos la quiten?

Todo lo que los negligentes amontonen nos será traspasado y dado por una razón: por ser un justo que produce con lo que tiene. Esa será la recompensa de Dios para darnos lo que los otros amontonan. En el nombre de Jesús así será para la gloria del Padre.

# 6

## ERRORES QUE ATRAEN PROBLEMAS FINANCIEROS

*Mas ahora que habéis sido libertados del pecado y hechos siervos de Dios, tenéis por vuestro fruto la santificación, y como fin, la vida eterna.* (Romanos 6:22)

La palabra "error" la percibimos como pecado en la Biblia, y todos aquellos que son libres del pecado los vemos como "siervos de Dios". También dice que todo el que ha sido libre del pecado y ahora es siervo, tiene como fruto la santificación y como fin, la vida eterna.

La mayor evidencia de que somos libres del pecado es el fruto de la santidad. No solo debemos decir que estamos libres del pecado, hay que evidenciarlo. La santidad se certifica en la medida en que hago cosas buenas y dejo de hacer las malas. Pero también, la santidad se refleja en las finanzas. Una vida en santidad se refleja en todas las áreas de la persona. La Biblia lo dice con claridad: la santidad significa tener temor de Dios. Si eso ocurre, como remuneración, pago o recompensa, nos serán dadas riquezas, bienes, honra y vida.

La santidad debe proyectarse en las finanzas porque son el reflejo de una vida de orden. El dinero que tal vez se gastaba en licor, cerveza, centros nocturnos o en el juego; todo lo que antes se gastaba en el pecado no tenía nada que ver con la santidad, sino que era una evidencia de no saber manejar los recursos. Aquel dinero que antes utilizábamos en vicios, ahora debemos administrarlo y hacer que produzca. Recordemos lo que dice el versículo 23 de Romanos 6:

*Porque la paga del pecado es muerte, mas la dádiva de Dios es vida eterna en Cristo Jesús Señor nuestro.*

La dádiva es un regalo: la gracia y misericordia de Dios. Al andar en pecado nos exponemos a una paga terrible: la muerte. Nos han enseñado que existen pecados que producen muerte, como el adulterio, la fornicación, la mentira y el robo; pero no nos han enseñado sobre aquellos pecados que producen muerte a nuestras finanzas.

Las personas creen que están en santidad porque no cometen adulterio, no mienten, no roban, no fornican, pero la Biblia también habla de otros pecados que si persisten en nuestra vida nunca vamos a estar en santidad.

Por eso muchas veces las personas se cuestionan por qué sus finanzas no son libres si ya no toman, ni fuman y van a la iglesia. Dios ha querido advertirnos sobre otros pecados que algunas personas asumen como normales, sin saber que producen muerte en el área financiera. Eso ocasiona que el fruto de la santidad en las finanzas no se vea, aunque se haya dejado de pecar en otras áreas.

Quiero que descubramos en este capítulo los pecados que producen muerte financiera, con el deseo de que una vez revelados, dejes de incurrir en ellos y empieces a ver la remuneración de Dios en todas las áreas de tu vida.

Es necesario dejar claro que cuando nos santificamos de un pecado como el de fornicación, es seguro que dentro de tres o cuatro meses después veremos resultados. Cuando nos arrepentimos de este tipo de pecados, los resultados van a ser lentos, pero muy productivos y poderosos. A esta enseñanza debemos darle el valor que tiene. Antes de entrar en el tema de tres pecados o tres acciones que producen pobreza, quiero dar un preámbulo acerca de las palabras "pobreza" y "dinero".

*La sabiduría protege, y el dinero también, pero la sabiduría nos permite llegar a viejos.*  (Eclesiastés 7:12, TLA)

El dinero, según la versión de la Biblia Reina Valera 1960, es un escudo. Si el dinero protege, tengo que darle su lugar.

Si lo produzco con mi trabajo, entonces tengo que cuidar mi empleo, y para eso es necesario aprender a ser un buen trabajador.

Muchas personas tienen una mentalidad errónea porque solo les importa cuánto les van a pagar por trabajar. El dinero no debe ser la razón por la cual trabajar, sino lo que se puede producir con el trabajo.

 **El dinero no debe ser la razón por la cual trabajar, sino lo que se puede producir con el trabajo.**

El primer paso para dar fruto en las finanzas es ser un excelente trabajador. Sé el mejor en lo que haces; si barres calles, sé el mejor barrendero del país; si pintas, sé el más grandioso. Recuerda que si una empresa va a despedir personal, ¿quiénes son los primeros en la lista? Por supuesto que los malos trabajadores. Si eres el mejor, nunca vas a estar en esa lista.

Veamos otra cosa que dice la Biblia acerca del dinero.

*Por el placer se hace el banquete, y el vino alegra a los vivos; y el dinero sirve para todo.*    (Eclesiastés 10:19)

Cuando lo menospreciamos, le restamos valor a algo que sirve para muchas cosas. Tu perspectiva sobre el dinero cambia cuando sabes que es verdaderamente útil, por tanto, el dinero hay que cuidarlo. La Biblia habla de esa utilidad. Por supuesto, debemos ser responsables, pero muchas personas al cambiar su manera de ver el dinero terminan haciéndolo un ídolo.

No vivimos para el dinero, pero es necesario entender su utilidad, porque si aprendemos esto nos servirá para muchas cosas. El dinero es un medio que se usa a nuestro favor, según la dirección que le demos, pero debemos aprender a cuidarlo porque es el fruto de nuestro trabajo. Como lo gastemos, honraremos o despreciaremos nuestra labor.

*También vi esta sabiduría debajo del sol, la cual me parece grande: una pequeña ciudad, y pocos hombres en ella; y viene contra ella un gran rey, y la asedia y levanta contra ella grandes baluartes; y se halla en ella un hombre pobre, sabio, el cual libra a la ciudad con su sabiduría; y nadie se acordaba de aquel hombre pobre.*

(Eclesiastés 9:13–15)

¿Este pobre sabio libra a la ciudad con su pobreza o con su sabiduría? A los pobres nadie los quiere escuchar. Un rico puede mentir y la gente le cree; un pobre dice la verdad, pero por ser pobre, no le creen.

*Entonces dije yo: Mejor es la sabiduría que la fuerza, aunque la ciencia del pobre sea menospreciada, y no sean escuchadas sus palabras.* (Eclesiastés 9:16)

Aunque este pobre tenía la sabiduría para librar a la ciudad de lo que le estaba pasando, nadie se acordaba de él por su condición de pobreza. Hay personas que son muy inteligentes, pero que no han hecho nada en la vida, por eso nadie les cree. Muchos tienen inteligencia, son sabios, pero nunca han utilizado esa sabiduría para hacer algo productivo. Quizá toda esa inteligencia y esa sabiduría se la han dado a un jefe, a una compañía, a un gobierno. Tú tienes esa sabiduría y nunca la has utilizado para salir de tu condición financiera, porque tu mente te ha dicho que esa inteligencia y sabiduría son para ganar un salario. Le has puesto un límite a tu inteligencia, no la has utilizado para ser una persona de un mejor nivel financiero. La sabiduría se debe reflejar en nuestro estilo de vida.

Eres un hijo de Dios, pero es posible que nunca te hayas atrevido a usar tu sabiduría para mucho más, porque tienes conceptos incorrectos acerca de cómo tu inteligencia se puede manifestar en tus finanzas. Una de las cosas por las cuales no quería hacerme cristiano era porque solo me hablaban del cielo y del infierno, y no me enseñaban cómo vivir bien en esta tierra.

En la universidad enseñan cómo ser un especialista, pero no enseñan los principios y valores para vivir según la carrera que se ha decidido estudiar. Sin embargo, cuando leo las Escrituras me doy cuenta de que la Biblia nos enseña todo: acerca del cielo, de la tierra, sobre las bendiciones financieras, respecto del matrimonio, o de los hijos, cómo ser buen padre, así como todo lo necesario para tener éxito.

Si yo escribiese solo para decirte que Dios te va a prosperar y bendecir, pasarán veinte años sin cambios en tu vida. Pero en realidad quiero enseñarte esto porque sé que puedes ser un mejor trabajador, y que esa capacidad que Dios te ha dado puede producir mucho más de lo que hasta hoy ha producido.

Si te aferras a creerlo, Dios te va a dar mejores cosas de las que hoy tienes. Eres un hijo de Dios, ten esto en mente.

Tal vez no tengas un título universitario, pero tienes muchas capacidades.

Posiblemente hoy no tengas la fuerza financiera, pero tienes la mentalidad y la sabiduría para generar esa fortaleza, con la que un día harás realidad esos sueños que llevas dentro. Moverse por el deseo de tener algo para darle a la gente que amas no es avaricia. Mereces no solo tener deseos, sino que mereces que se cumplan. Quita de tu mente esa idea de que es malo tener cosas buenas para darle a la gente que amas. Nunca pienses eso, no lo aceptes. Vas a tener las mejores cosas para dárselas a aquellos que amas, para darle a tu hijo el vehículo que nunca tuviste, para darles a los tuyos lo que no pudiste comer. Eso no es avaricia, eso se llama "amor".

A veces nos creemos muy pequeños para cosas grandes, y de repente ya estamos muy grandes para cosas pequeñas. Si crees que mereces lo mejor, trabajarás por ello, lo aceptarás, te esforzarás y lo lograrás. Espera cinco años para que veas cómo vas a estar si sigues las instrucciones de la Palabra.

# 7

## DA LA CARA POR TUS DEUDAS

¿Qué es una deuda? Es deber algo a otra persona. La Biblia da una perspectiva balanceada de la deuda, habla sobre sus peligros para que al final podamos tomar decisiones. Tenemos que aprender a hacernos algunas preguntas antes de tomar la decisión de endeudarnos.

La deuda existe desde la antigüedad, donde se hacían intercambios y de repente una de las personas no tenía para el intercambio. Por ejemplo, pedían a su vecino maíz a cambio de que apenas naciera la oveja se la entregarían en forma de pago. Ponían algo como evidencia para luego cancelar esa deuda. Entonces ellos usaban la deuda como una ayuda para el progreso. Lo que sucedió es que a través del tiempo dejó de ser una ayuda para el progreso y se convirtió en un arma para el estancamiento.

*Cuando prestares dinero a uno de mi pueblo, al pobre que está contigo, no te portarás con él como logrero, ni le impondrás usura. Si tomares en prenda el vestido de tu prójimo, a la puesta del sol se lo devolverás.*

(Éxodo 22:25–26)

Dios está dando instrucciones a su pueblo Israel sobre las deudas, que si presta dinero a algún pobre de su pueblo no se porte como un prestamista. Dios es claro en no cobrar intereses, porque los intereses dañan más al que está pidiendo prestado. El préstamo es para ayudar, para avanzar. Dios también nos está enseñando a cuidarnos de los intereses al pedir prestado.

*Del extraño podrás exigir interés, más de tu hermano no lo exigirás, para que te bendiga Jehová tu Dios en toda obra de tus manos en la tierra adónde vas para tomar posesión de ella.* (Deuteronomio 23:20)

Dios dice que cuando prestemos cobremos intereses al extranjero, pero no a nuestro hermano. Lo que está diciendo Dios es: te bendigo con los intereses que te ganas del extranjero, y te bendigo dándote los intereses que tu hermano no te está pagando. Dios se está haciendo cargo de pagarle los

Da la cara por tus deudas 71

intereses al que prestó por no cobrárselos a su hermano. Por eso dice la Biblia que el que le da al pobre le presta a Dios, y Él siempre paga con intereses.

*Ya que Jehová tu Dios te habrá bendecido, como te ha dicho, prestarás entonces a muchas naciones, mas tú no tomarás prestado; tendrás dominio sobre muchas naciones, pero sobre ti no tendrán dominio. Cuando haya en medio de ti menesteroso de alguno de tus hermanos en alguna de tus ciudades, en la tierra que Jehová tu Dios te da, no endurecerás tu corazón, ni cerrarás tu mano contra tu hermano pobre, sino abrirás a él tu mano liberalmente, y en efecto le prestarás lo que necesite.*

(Deuteronomio 15:6–8)

## DIOS LE DA LA LIBERTAD A SU PUEBLO PARA QUE PUEDA PRESTAR

Anima a su pueblo a que presten, pero no fomenta la negligencia o la dependencia hacia el préstamo. Dios lo enseña como una herramienta para ayudar a salir adelante a una persona. Pero el diablo distorsiona todo lo que Dios ha creado y sabe que a través de los intereses de la deuda puede enfermar, dividir y arruinar a muchas familias. Lo que nos arruina no es pedir prestado; lo que arruina nuestras finanzas, nuestros sueños y proyectos son los intereses de una deuda.

## DIOS NO PROHÍBE PEDIR PRESTADO

Prestar y no pedir prestado es una profecía, no un mandato. Dios no nos está mandando a pedir prestado; lo que nos está profetizado es que por administrar bien las finanzas podremos prestar y no pedir prestado. Cuando somos buenos mayordomos financieros tendremos cierto nivel de bendición financiera donde podremos prestar y decidir si lo hacemos con o sin interés. Prestar para que otros salgan adelante con sus sueños, adversidades y proyectos es ser un canal de bendición y eso produce una gran satisfacción. Nadie puede ser bendecido para prestar si primero no provocó la bendición administrando con diligencia lo que se le confió.

José en Egipto pudo ayudar a muchas naciones porque fue un buen administrador en la abundancia, para ser la respuesta en medio de la escasez de muchos.

## DIOS NOS BENDICE PARA QUE AYUDEMOS A OTROS

Su objetivo es que las personas no dependan de otros sistemas que los hacen esclavos por medio de los altos intereses que los arruinan. Cuando nuestra iglesia tenía cinco años de haber sido fundada, llegó una familia que tenía 25 años de mantener una deuda por su casa con un prestamista, y por 25 años solo habían pagado los intereses, siguiendo con la misma deuda. Cuando escuché esta historia me enojé mucho; los corregí con amor, les enseñé cómo su pasividad los estaba arruinando, y les presté el dinero sin intereses de la deuda total para que no fueran más esclavos de ese sistema. Hoy en día tienen libre su casa, y me pagaron el dinero que les presté. Gloria a Dios.

Mientras estemos conectados con el reino de Dios podrán existir pandemias, crisis financieras, recesiones, pero nunca el pueblo de Dios se extinguirá porque Dios bendecirá a muchos para ayudar a miles.

*Cuando el hombre cayere, no quedará postrado, porque Jehová sostiene su mano. Joven fui, y he envejecido, y no*

*he visto justo desamparado, ni su descendencia que men-
digue pan. En todo tiempo tiene misericordia, y presta; y
su descendencia es para bendición.*

(Salmos 37:24–26)

Lo que el rey David está diciendo en este salmo es: he
visto de todo, guerras, traiciones, persecuciones, pestes, pero
hay algo que *nunca* he visto, a Dios abandonar a su pueblo ni
a su familia.

Así que la deuda es una herramienta que podemos utilizar con cautela y prudencia, porque el peligro está en los
intereses. Tener deudas no es lo mejor para nosotros, pero no
nos descalifica para ser bendecidos.

Por ejemplo, las tarjetas de crédito son un peligro porque
los intereses son muy altos. Por eso las entidades bancarias
hacen fortunas con las fuerzas de muchos.

## 7 VERDADES PARA ENDEUDARNOS RESPONSABLEMENTE

### 1. LA DEUDA DEBE TENER PERIODOS DE TIEMPO DEFINIDOS

El vehículo, la casa, y todo bien que se adquiera con deuda,
así como el dinero con intereses, hay que ponerle tiempo para
no pasar toda la vida pagando deudas con intereses. Para eso
hay que planificar y analizar bien antes de endeudarse.

### 2. PEDIR PRESTADO SIEMPRE DEBE SER UNA OPCIÓN DE ÚLTIMO RECURSO

El problema de mucha gente es que pedir prestado es la
primera opción, cuando debería ser la última, ya que el endeudarse es como robarse uno mismo muchas otras opciones que
existen sin la necesidad de adquirir una deuda con intereses.

A muchos les hace falta imaginación o información, y por eso salen corriendo a adquirir una deuda o una tarjeta de crédito con altos intereses. El dinero es la respuesta a la idea, no la idea que necesita el dinero. Mejor hay que pensar qué tenemos en casa para obtener dinero sin deuda.

Dios le dijo a Moisés: ¿qué tienes en tu mano? ¡Una vara! Vamos a usar eso. Usemos lo que tenemos a la mano y que pedir prestado sea la última opción.

### 3. CREAR UN PLAN PARA SALIR PRONTO DE LAS DEUDAS CON INTERESES

Es buscar la forma de ver cómo podemos pagar la obligación por completo, lo más rápido posible, utilizando ahorros u otros recursos para cancelar la deuda.

Hay un empresario amigo mío que tenía una deuda y que también tenía buenos ahorros. Un día, él se sentó e hizo el siguiente análisis: si yo tomo este dinero de ahorros para pagar esta deuda, ¿cuánto me voy a ahorrar en intereses pagando la deuda ya, y no dentro de diez años?

El segundo análisis que hizo fue: ¿cuánto me ganaría en intereses durante diez años con este dinero que tengo ahorrado? Y la respuesta fue: mientras que en diez años tengo este dinero ganando intereses y sigo pagando esta deuda durante diez años, pago más intereses por la deuda que los que me gano por el ahorro. ¿Sabes qué hizo el sabio? Tomó el dinero del ahorro y pagó la deuda. Es cierto que se quedó sin todo el dinero del ahorro, pero también quedó sin deuda, y los intereses que iba a pagar de más se los ganó, algo que no hubiera sucedido si tuviera ese dinero en la cuenta de ahorro.

Luego, a los tres años, volvió a obtener el ahorro con el monto anterior y lo invirtió para desarrollar más fuerte su empresa, que ahora estaba libre de deudas.

Dios a todos nos da la gracia y la sabiduría, pero no todos sacamos el tiempo para analizar y pensar. Las grandes ideas están en los tiempos de análisis y meditación.

## 4. HACER CUENTAS ANTES DE ADQUIRIR EL COMPROMISO FINANCIERO

Hay que examinar toda la operación, sus condiciones, leer las letras pequeñas, mirar desde todos los ángulos, preguntar a los expertos, contadores, abogados, para que nos ayuden a asesinar la emoción antes de adquirir la responsabilidad de la deuda. Lamentablemente, muchos hoy viven esclavos de las deudas por no haber controlado sus emociones en medio de sus deseos o necesidades, y otros se aprovecharon haciéndolos firmar sin analizar.

Antes de firmar, pregúntate si esa deuda te va a llevar a tu destino o más bien te lo va a truncar. Con base en ello toma una decisión.

## 5. DEBEMOS CUIDAR QUE LA DECISIÓN DE ENDEUDARNOS NO CORROMPA NUESTROS PRINCIPIOS Y VALORES

Dios respalda sus principios, no los nombres de personas. La Biblia dice que el Espíritu Santo nos enseña todas las cosas.

*Mas el Consolador, el Espíritu Santo, a quien el Padre enviará en mi nombre, él os enseñará todas las cosas, y os recordará todo lo que yo os he dicho.* (Juan 14:26)

También dice que Él nos ha dado el poder para hacer las riquezas.

*Sino acuérdate de Jehová tu Dios, porque él te da el poder para hacer las riquezas, a fin de confirmar su pacto que juró a tus padres, como en este día.*

(Deuteronomio 8:18)

Hechos 1:8 dice que recibiremos poder cuando haya venido sobre nosotros el Espíritu Santo.

Lo que quiero decir es que el poder para hacer las riquezas es la guía y la dirección del Espíritu Santo, quien nos enseña todas las cosas. Por eso Él está con nosotros, para corregirnos cuando nos queremos corromper por el deseo de obtener algo que no es el tiempo o que no es correcto para nosotros. Aprende a escuchar la voz de Dios.

Dios nos compara con ovejas, porque las ovejas no pueden cuidarse solas. Necesitan un pastor que las guíe a pastos delicados y a aguas de reposo, que las cuide, que les corte la lana. También nos compara con ovejas, porque las ovejas saben escuchar la voz de su pastor.

### 6. TENEMOS QUE PREGUNTARNOS SI ES MATEMÁTICAMENTE SENSATO

Debemos calcular los costos a largo y corto plazo, analizar todas las opciones. Uno no administra recursos sin sensatez. El dinero no se maneja con emoción; se administra con sabiduría.

*Porque ¿quién de vosotros, queriendo edificar una torre, no se sienta primero y calcula los gastos, a ver si tiene lo que necesita para acabarla?* (Lucas 14:28)

La sensatez no es falta de fe, al contrario, es darle valor a la fe para no usarla en algo que no nos va a dar los resultados esperados. La fe es lo más valioso que tenemos, porque es el poder de creer para crear. Todo lo creado primero se creyó; por eso no debemos usar la fe sin sensatez, porque es muy valiosa. Fe sin sensatez es poner en riesgo el valor de la misma fe.

**El dinero no se maneja con emoción; se administra con sabiduría.**

## 7. LA SABIDURÍA DEBE IR ACOMPAÑADA DE PROCESOS

Muchas veces nos endeudamos porque no queremos vivir un proceso financiero doloroso, pero no nos damos cuenta de que de esos procesos nacen la madurez y el aprendizaje que necesitamos para nuestra temporada de éxito y bendición.

La sabiduría no es consecuencia de la suerte, es la búsqueda insaciable de escuchar a las personas que tienen algo bueno que dar, gracias a sus procesos.

La deuda es una herramienta peligrosa. Por eso hay un lugar y un tiempo para utilizarla con moderación, con prudencia y, sobre todo, con mucha oración.

No adquieras deudas sin que tus rodillas le consulten al cielo si es tiempo de hacerlo.

Nunca firmes nada por necesidad, sino como producto de una visión. Pierde lo terrenal; pero gana en lo espiritual y en lo emocional. Recuerda que las cosas terrenales pueden volver a adquirirse.

Un vehículo, una casa, un negocio que se pierden pueden volver a obtenerse de donde salieron la primera vez, que fue de nuestra capacidad de producir y administrar. Recuerda que Dios tiene el poder de restaurar lo que se perdió. Dios bendice sobrenaturalmente a los buenos mayordomos.

# 8

## TU CONCIENCIA FINANCIERA

Hay un área en la que necesitamos escuchar la voz de Dios, y es la conciencia financiera.

Cuando Dios sane tu conciencia financiera deberás estar preparado, porque entonces, el dinero andará detrás de ti. Trascender en el área económica es tener la conciencia correcta. Es necesario poseer la conciencia de Dios en las finanzas.

Es Él quien nos confía las finanzas, nos da la capacidad de producir y administrar. Conciencia tiene que ver con la formación recibida y con la educación; lo que crea costumbres. Hay personas que tienen costumbres equivocadas sobre el dinero, muchos se formaron bajo el concepto de que los recursos económicos no alcanzan; otros desarrollaron su conciencia a partir de aquella famosa frase: "Si lo quieres, gánatelo". Eso es crecer con una conciencia de esclavitud hacia el dinero porque solo piensan en ganarlo. Quizá hoy tu conciencia sea: ¡Trabaja duro!

Si trabajas 14 horas al día y vives para el trabajo, permíteme decirte que eres un esclavo. O tal vez tu conciencia se formó en un hogar donde abundaba el dinero, todo te lo daban y por eso creíste que el dinero era fácil, creciste con la idea de que gastar es parte del diario vivir; por eso, para ti el dinero no tiene valor.

En una ocasión, Ronaldinho, la exestrella futbolística de Brasil, dijo que el dinero no lo es todo, porque dinero sin felicidad en el corazón no es nada. Es triste saber que existen personas para quienes el dinero lo es todo y en su nombre se han enfermado. Viven para el dinero y cuando lo pierden, se les va la vida. Ellos no han tenido una conciencia correcta acerca del dinero, como le ocurrió a Ananías y Safira, quienes perdieron su vida debido a eso.

Aún más llamativa es la historia de Simón el Mago. Este personaje dependía de la magia para generar dinero. Al convertirse en cristiano, pasó varios meses con los discípulos y aprendió de Jesús. Un día, al notar que el Espíritu Santo venía sobre las personas al imponer las manos, él ofreció dinero por tener esa presencia en su vida. Simón era cristiano; pero su conciencia le dictaba que las cosas se obtenían con dinero. Y así como él, mucha gente está equivocada en relación con el tema del dinero.

Hay personas que se sienten incómodas cuando un tercero habla de dinero y por eso critican. Dios, mediante su Palabra, nos ha dejado múltiples enseñanzas, desde lo eterno hasta ser buenos padres; desde la bondad hasta la caridad, aún nos enseña sobre finanzas.

¿Qué le respondió Pedro a Simón el Mago?

*Entonces Pedro le dijo: Tu dinero perezca contigo, porque has pensado que el don de Dios se obtiene con dinero.*

(Hechos 8:20)

Pedro tenía en mente lo que les ocurrió a Ananías y Safira. Simón el Mago consideraba que obtener un beneficio a cambio de dinero no era pecaminoso o algo malo. Así se había acostumbrado a vivir. La conciencia financiera de Simón no había sido corregida.

¿Cuántos cristianos pagan por obtener beneficios? ¿A cuántos cristianos su conciencia les dicta que no está mal ofrecer dinero por un favor, sabiendo que es algo incorrecto?

Recuerda siempre esto: todo lo que se hace en lo oculto es porque avergüenza, entonces, si avergüenza, es porque no es correcto. De repente tu conciencia no enciende las alarmas porque está acostumbrada a hacerlo así.

El asunto es que todo negocio que hagas con corrupción, con soborno, no estará bajo la bendición de Dios y permanecerás en tinieblas. Dios es un Dios de luz y siempre va a respaldar lo que se haga de manera correcta.

Es bastante probable que no te prestes para sobornos, pero quizá tu conciencia no haya sido restaurada y tu concepto del dinero esté equivocado. Dios quiere que trasciendas, para eso es necesario que cuentes con los recursos, pero Él no te va a dar algo si tu mente no ha sido sanada en el área financiera.

Muchos ven pasar los años y se endeudan cada día más, su situación empeora, y si levantan un negocio, se viene a pique.

¿Por qué ocurre eso? Porque no han tenido una conciencia clara sobre el dinero.

*No tienes parte ni suerte en este asunto, porque tu corazón no es recto delante de Dios.*      (Hechos 8:21)

¿Cuántas veces el dinero torció tu corazón? ¿Cuántas veces te apartó de Dios, ya sea porque tienes o no tienes recursos?

He escuchado a gente decir: "Oh Dios, haz el milagro. Oh Dios, necesito dinero". Ponen a Dios al mismo nivel del dinero. No faltan aquellos que cuando tuvieron dinero, o cuando no, le dieron la espalda a Dios. También ellos tenían la conciencia equivocada respecto del dinero.

*Arrepiéntete, pues, de esta tu maldad, y ruega a Dios, si quizá te sea perdonado el pensamiento de tu corazón.*

(Hechos 8:22)

Tener una conciencia como la de Simón sobre el dinero, pensar que todo en la vida se logra si lo tienes y no por el favor de Dios, es maldad en el corazón y en los pensamientos.

Simón tenía una conciencia financiera que estaba vinculada al amor por el dinero. Por eso Pedro lo manda a arrepentirse y le dice: "¿Quieres el don de Dios? Es por gracia, no por dinero". Así que si quieres tener una empresa bendecida, será por gracia, no por recursos.

¿Quieres un matrimonio saludable, que tenga dinero para invertir y vivir? Es por gracia, no por dinero. La gracia de Dios es la que nos da los recursos, ¡cuidado con amargarte por no tenerlo! No cometas esa grave equivocación de pensar que vives para el dinero; vives para Dios. Por la gracia de Dios somos lo que somos, y por gracia, nos da los recursos.

*Porque en hiel de amargura y en prisión de maldad veo que estás.* (Hechos 8:23)

Si en algún momento has vivido amargado por no tener dinero, escucha bien, el dinero todos lo necesitamos, pero la felicidad no depende del dinero. Henry Ford, el inventor del primer automóvil, dijo una vez : "Era más feliz cuando trabajaba de mecánico".

Qué triste que las personas se quiten la vida por causa del dinero, y que otros que lo poseen en grandes cantidades no hayan podido encontrar la felicidad. La respuesta para ser feliz es entender la gracia de Dios, el para qué nos da los recursos.

Simón, en su conciencia, era prisionero de su pasado financiero. Hay que dejar el pasado y visualizarnos en el futuro.

Cuando tienes presente tu pasado financiero por tener o no tener, por hacer o no hacer, es porque hay una inclinación en tu mente y en tu corazón hacia ese pasado.

¿Cuántas personas viven amargadas, tristes, decepcionadas y hasta frustradas con Dios porque no tienen lo que tiene el amigo o el vecino? ¿Cuántas personas critican al que tiene, porque ellos no tienen? ¿Cuántos creen ser más porque tienen lo que otros no? Eso es amargura, se comparan y su felicidad está en el malestar del otro. Ese tipo de cosas son consecuencia de tener una noción equivocada de lo que es el dinero.

Hoy le pido al Padre por ti, para que este libro contribuya a sanar tu conciencia financiera. Dios te dará los recursos que has anhelado porque a partir de ahora tu fe no estará en el recurso, sino en la enseñanza del Dios que sana tu conciencia.

Tu valor está en lo que produces, no en el dinero. Así se lo expliqué un día a un grupo de gerentes: el valor no está en el salario, sino en lo que aportamos. Si el día de mañana tienes que irte de la institución o de la empresa, lo que eres se va contigo. ¿Cuántos creen que el mundo se les viene encima porque los despidieron? ¡Tranquilos! Ese trabajo, ese contrato anterior, te lo dieron por lo que eres y lo que produces. Llévatelo a otro lugar. El dinero va a venir porque llevas la producción en tu interior. No olvides que la bendición no está en el dinero, sino en tu capacidad para producir.

Tu mente tiene que aceptar que Dios te dio talentos para producir y que el dinero puede venir de distintos lugares. No importa su procedencia, siempre y cuando sea lícita, esto ocurre porque tienes la visión y la capacidad.

Si no se dio en tu antiguo trabajo, no te angusties, no sobornes, no fuerces la puerta. Deja que la gracia de Dios te abra la puerta. Lo malo es que con frecuencia tenemos más fe en el recurso y no en lo que podemos producir; produces con tus dones, tu conocimiento y la fuerza que el Padre te da. Como consecuencia de todo eso, el dinero va a venir. Y nunca debemos perder la gratitud. La amargura del corazón se va cuando nos volvemos agradecidos.

**La bendición no está en el dinero, sino en tu capacidad para producir.**

Ser agradecido no es decir gracias, es tener felicidad en el corazón porque Dios me ha dado lo que hoy poseo. La gratitud viene cuando recordamos que lo que tenemos, no lo merecemos, sino que fue Dios quien nos lo confió. La amargura viene cuando creemos que no tenemos lo que merecemos y nos preguntamos por qué a otros les ha sido concedido.

Todos los días le doy gracias a Dios por ser el pastor de mi iglesia, por mis bendiciones y mi familia. Siempre recuerdo que no me lo he ganado, sino que ha sido Dios el que me lo ha dado, y eso me hace feliz, me da las fuerzas para soñar con algo más. Si creo que, sin merecérmelo, Dios me dio lo que tengo, me puede dar entonces lo que no tengo.

¿De qué manera le envío un mensaje a Dios para que me dé lo que no tengo? Siendo feliz con lo que tengo. Así le demuestro a Dios que cuanto más me dé, tendré felicidad, y si me deja con lo que tengo, igual lo seré, porque mi alegría no está en los recursos, está en el Dios que me ha hecho su hijo, es mi Padre quien me provee todo lo que necesito.

El enriquecimiento es la consecuencia de hacer las cosas bien. Haz las cosas de esa forma y deja que sea Dios quien te diga el tamaño de tu fortuna, y tu felicidad y tu amor no estarán en la riqueza, sino en el contentamiento. Si tu contentamiento es con 20, ¡bendito Dios! Si Él quiere darte 30, tu contentamiento será con eso, no por la cantidad, sino porque eso fue lo que el Padre te confió. No apuestes tu felicidad en el número, sé feliz con lo que Dios te ha confiado.

# 9

# PIENSA SIN LÍMITES

Compartí en los primeros capítulos que la provisión responde a nuestra visión. Veamos los principios para realizar un negocio o desarrollar una visión.

*Sé diligente en conocer el estado de tus ovejas, y mira con cuidado por tus rebaños; porque las riquezas no duran para siempre.* (Proverbios 27:23–24)

Si quieres tener un negocio o una visión, te voy a dar un principio bíblico maravilloso. Si ya tienes un negocio, aprovecha este principio.

Dios aquí no le habla a pastores; le habla también al que vive del negocio de las ovejas. Todo comerciante o negociante debe conocer a sus clientes, conocer el mercado en el que se está desenvolviendo, así como conocer a la competencia. Dice la Biblia que debemos ser diligentes, decididos y determinados a conocer, investigar e invertir en conocimiento de cómo son los clientes; o cómo están nuestros empleados, de cómo son nuestras ovejas. Investiga, camina, piensa, analiza cómo está el mercado.

Así como la riqueza no nos toma por sorpresa, la quiebra tampoco. Si investigo, me daré cuenta del momento en el que hay que invertir y en el que no; de cuándo hacer o cuándo quitar, cuándo cerrar y cuándo abrir otro negocio. Seamos diligentes.

Es necesario conocer el mercado en el que nos desarrollamos o trabajamos. ¿Cómo está la visión en este momento? Digamos que quieres abrir una panadería. Si la abres en este lugar, ¿qué tipo de clientes van a llegar? ¿Cuántas personas puedes atraer? Hay que hacer estudios de mercado y tener cuidado. No se trata solo de invertir.

Invertir es tener sabiduría en el manejo del dinero, y para eso hay que estudiar el mercado, analizar, preguntar, acercarse a gente que sepa, escuchar, venir a la iglesia, leer la Biblia, pero, sobre todo, escuchar la voz del Espíritu Santo.

Voy a derribar un argumento religioso. La Biblia dice que a nosotros se nos dio el poder para hacer las riquezas, ya lo hemos dicho antes, sin embargo, tenemos que ahondar en esta importantísima afirmación.

*Pero recibiréis poder, cuando haya venido sobre vosotros el Espíritu Santo, y me seréis testigos en Jerusalén, en toda Judea, en Samaria, y hasta lo último de la tierra.* (Hechos 1:8)

El Espíritu Santo tiene el poder no solo para las cosas espirituales, tiene el poder también para las cosas materiales, porque en Juan 14 Jesús dijo que el Espíritu Santo nos iba a enseñar todas las cosas.

**El Espíritu Santo tiene el poder para producir riquezas porque lo conoce todo.**

¡Que tu mente no te limite por la creencia de que solo tiene poder para sanar a un enfermo! El Espíritu Santo tiene poder para decirnos: haz el negocio, ofrece tanto, no inviertas, no hagas eso todavía. El Espíritu Santo tiene el poder para producir riquezas porque lo conoce todo. Por años, las personas han utilizado al Espíritu Santo solo para cosas espirituales y lo han tenido amarrado para las cosas empresariales. Pero Él tiene el poder para decirnos: "Ve y ofrécele tanto a esa persona". Si Él lo dice es porque conoce el futuro y sabe lo que va a pasar. Por eso nos pide que no tengamos miedo. El profeta Eliseo le dio una palabra a la viuda y ella lo obedeció.

Las riquezas no duran para siempre, por lo que hay que ser diligentes en los negocios porque nada garantiza que siempre seremos exitosos. En cualquier momento algo puede suceder en el mercado nacional o internacional, por la competencia, por empresas extranjeras, entre otras cosas. Por ejemplo, no sabes si alguien va a abrir a tu lado un negocio o un servicio más barato, y entonces se cae tu negocio. Estos son algunos consejos para todos los profesionales:

*No te limites a tu profesión.* Usa tus ideas para prosperar no solo en tu profesión. No se trata de que por ser abogado, solo vas a ejercer esa profesión. Puedes tener lo que sea. Introdúcete en los negocios sin descuidar a tu rebaño.

*No limites tus pensamientos.* Usa tus ideas con la visión para que venga la provisión. Todo lo que hagas con honestidad e integridad garantiza que las cosas salgan bien. ¡Anótalo!

Muestra esto a tus empleados y colaboradores para que aprendan que si no tienen estos valores, no pueden trabajar contigo. Donde hay luz, jamás habrá oscuridad.

**Todo lo que hagas con honestidad e integridad garantiza que las cosas salgan bien. ¡Anótalo!**

No faltará quien venga con un soborno para que le des una cuenta o un negocio, no faltará quien te amenace o te invite unos tragos o te lleve a un prostíbulo para cerrar una idea de negocios. Cuando eso ocurre, la oscuridad ha tomado la empresa.

Cuando hay integridad y honestidad, tu negocio va a funcionar. Podrá llegar otro empresario con más recursos, pero la sombra del Omnipotente nos protege.

Invierte dinero en ti mismo, porque mientras más conozcas, mejor te vas a cotizar en el mercado. De otra manera, ¿cómo pretendes llegar a producir sin conocimiento?

**La *fe* sin *conocimiento* no funciona.**

Puedes creer mucho en Dios, pero Él no puede usarte si no tienes conocimiento. No pretendas llenar tus bolsillos si primero no inviertes en ti mismo. Si inviertes dinero en tu conocimiento, podrás ofrecer mejores cosas.

Quisiera muchas veces entrar en sus corazones para que se atrevan, pues hablar de dinero es hablar de lo más espiritual, porque la Biblia dice que el engaño y las riquezas ahogan la Palabra. Para que eso no suceda, tienes que aprender sobre las riquezas, porque solo engaña lo que no se conoce. Si sigues en ignorancia sobre la riqueza, estas te seguirán engañando y toda palabra que Dios te siembre, la terminarás ahogando.

***Por favor, invierte en ti.*** Retoma los estudios o un curso. Cotízate para que los grandes te busquen y no tengas que mendigar por trabajo, sino más bien tengas que escoger trabajo.

*Cuida lo que eres, cuida tu trabajo, cuida tu compañía.* Eso hará que te cotices y que te busquen. Una persona productiva pierde el miedo a intentar.

*No veas tus fracasos.* Si este libro está en tus manos es porque Dios siempre está dispuesto a comenzar de nuevo. No tengas miedo a vender algo para levantar tu negocio; así piensa la gente productiva.

*No tengas miedo a la competencia.* La competencia nos hace mejores. La competencia nos obliga a esforzarnos más y a ser valientes. No tengas miedo de que alguien haga las cosas mejor que tú; eso te debe inspirar a hacer las cosas mejor de lo que las haces en la actualidad.

La competencia te hace un mejor profesional, mejor vendedor, mejor abogado, una mejor persona. Un negocio debe crecer por lo bien que lo haces y por lo mal que lo hace la competencia. ¿De cuál de los dos quieres ser tú, de los que producen porque lo hacen bien y los otros lo hacen mal, o de los que le producen a otros porque lo hacen bien y tú lo haces mal?

*Haz lo que tengas que hacer.* De tal forma que cuando mueras, por lo menos hayas producido el pedacito de tierra para que te entierren.

Necesitamos estas enseñanzas en el gobierno para producir por la nación. Necesitamos este conocimiento en escuelas y colegios para que nuestros niños desde pequeños cambien su mentalidad y no vengan a decir: "Dame comida, dame el bono, dame algo". Hay que enseñarles para que en vez de decirle al gobierno "Dame algo", le digan: "Aquí te ofrezco".

Génesis dice que Dios nos pidió fructificar y multiplicar, pero si tienes que pedir, pídele al Padre, porque tienes un Padre bueno a quien pedir. Tu Padre no es la sociedad; tu Padre es Dios que te enseña cómo obtener el pan de todos los días.

# 10

## LA VIDA FINANCIERA DE UN HIJO DE DIOS

*El que es fiel en lo muy poco, también en lo más es fiel;*
*y el que en lo muy poco es injusto, también en lo más es*
*injusto.*                              (Lucas 16:10)

**D**ios hace justicia por ti en lo mucho, pero también Él quiere
ver lo justo que eres en lo poco.

La fidelidad no se pone a prueba en lo mucho o en lo poco; se pone a prueba en lo muy poco. El secreto de lo mucho está escondido en lo muy poco. Como manejemos las finanzas en lo muy poco será, a fin de cuentas, lo que nos califique o descalifique para recibir lo mucho.

*Pues si en las riquezas injustas no fuisteis fieles, ¿quién os confiará lo verdadero? Y si en lo ajeno no fuisteis fieles, ¿quién os dará lo que es vuestro?* (Lucas 16:11–12)

**El secreto de lo mucho está escondido en lo muy poco.**

Donde veas una injusticia, muestra fidelidad para que Dios haga justicia. Como manejes el dinero que proviene de lo injusto, esa será la prueba que le darás a Dios para que te dé más o no.

*Ningún siervo puede servir a dos señores; porque o aborrecerá al uno y amará al otro, o estimará al uno y menospreciará al otro. No podéis servir a Dios y a las riquezas.* (Lucas 16:13)

A Dios servimos cuando manejamos el dinero como Él lo enseña. Dios necesita bendecirnos para que establezcamos su reino. Nos bendice cuando somos justos en medio de un mundo injusto, pero debemos comprender que todo aquello que poseemos nos ha sido dado por Dios para el cumplimiento de nuestro propósito y destino de vida. El dinero no es la razón de tu existencia; es solo un medio para cumplir con lo que Dios ha diseñado para ti. La razón de nuestra existencia es el propósito de Dios en nuestra vida. Un hijo de Dios debe entender que el dinero es una añadidura a su destino, no la razón de su destino.

¿Cómo servir a Dios con tus finanzas?

+ sabiendo cómo producir y

+ sabiendo cómo administrar.

## SABER PRODUCIR

*A uno dio cinco talentos, y a otro dos, y a otro uno, a cada uno conforme a su capacidad; y luego se fue lejos.*
(Mateo 25:15)

Dios no nos da la capacidad de producir a todos por igual. Jamás intentes competir con la capacidad de otro, porque lo que esa persona produce puede ser menor que tu capacidad o incluso mayor. ¡Cuidado con la frustración!

*Y el que había recibido cinco talentos fue y negoció con ellos, y ganó otros cinco talentos. Asimismo, el que había recibido dos, ganó también otros dos.*
(Mateo 25:16–17)

Dios da; pero a nosotros nos corresponde desarrollar la capacidad.

*Pero el que había recibido uno fue y cavó en la tierra, y escondió el dinero de su señor.* (Mateo 25:18)

Nunca sabrás de qué tamaño es tu capacidad si no te atreves a producir y a multiplicar lo que Dios te confía. Dios les dio a todas las personas la capacidad de producir. Fructificar es sinónimo de producir, aumentar y hacer crecer. Dios nos entrega lo necesario para producir de acuerdo con la capacidad que cada uno de nosotros tenemos, pero es nuestra responsabilidad esforzarnos y ocuparnos en hacer fructificar los talentos que Él ha puesto en nuestras manos.

*Y llegando el que había recibido cinco talentos, trajo otros cinco talentos, diciendo: Señor, cinco talentos me entregaste; aquí tienes, he ganado otros cinco talentos sobre ellos. Y su señor le dijo: Bien, buen siervo y fiel; sobre poco has sido fiel, sobre mucho te pondré; entra en el gozo de tu señor. Llegando también el que había recibido dos talentos, dijo: Señor, dos talentos me entregaste; aquí tienes, he ganado otros dos talentos sobre ellos. Su señor le dijo: Bien, buen siervo y fiel; sobre poco has sido fiel, sobre mucho te pondré; entra en el gozo de tu señor.*

(Mateo 25:20–23)

**Nunca dejes de soñar en grande, porque lo que es mucho para ti, para Dios será poco, porque cosa grande Él hará contigo.**

Existen dos pactos que debemos mostrarle al mundo: El primero son los diezmos y las ofrendas, producto del pacto que Dios hizo con nosotros. Si dudamos del diezmo, realmente estamos dudando de Jehová.

*Traed todos los diezmos al alfolí y haya alimento en mi casa; y probadme ahora en esto, dice Jehová de los ejércitos, si no os abriré las ventanas de los cielos, y derramaré sobre vosotros bendición hasta que sobreabunde. Reprenderé también por vosotros al devorador, y no os destruirá el fruto de la tierra, ni vuestra vid en el campo será estéril, dice Jehová de los ejércitos. Y todas las naciones os dirán bienaventurados; porque seréis tierra deseable, dice Jehová de los ejércitos.* (Malaquías 3:10–12)

El *segundo* pacto consiste en *dar* a los necesitados con un claro compromiso de amor y misericordia.

*A Jehová presta el que da al pobre, y el bien que ha hecho, se lo volverá a pagar.* (Proverbios 19:17)

*La religión pura y sin mácula delante de Dios el Padre es esta: Visitar a los huérfanos y a las viudas en sus tribulaciones, y guardarse sin mancha del mundo.*

(Santiago 1:27)

¿Cuál es el balance de la prosperidad? Que así como amamos la santidad, amemos la generosidad.

*El que da al pobre no tendrá pobreza; mas el que aparta sus ojos tendrá muchas maldiciones.* (Proverbios 28:27)

## SABER ADMINISTRAR

*Los pensamientos del diligente ciertamente tienden a la abundancia; mas todo el que se apresura alocadamente, de cierto va a la pobreza.* (Proverbios 21:5)

La pobreza es el resultado de nuestras acciones. Dios a nadie le dijo o le profetizó que sería pobre; son las decisiones del ser humano las que lo han llevado a la pobreza. Quizá muchos se enojarán conmigo por esto, pero cuando una persona está en pobreza, ese es el resultado de malas decisiones, mala administración de antepasados o de personas en el presente. Imagina a un Dios dueño del oro y de la plata que tenga hijos pobres; sería un mal padre.

Producir dinero es posible de diferentes maneras: por inteligencia, habilidades, o engaños, mentiras, dones, entre otras cosas. Administrarlo de forma correcta solo es posible con sabiduría.

Si hay algo que debemos hacer cada vez que producimos o ganamos dinero es pedirle al Espíritu Santo que nos conceda sabiduría. A continuación, algunos principios ilustrados por la Palabra y que guían mi vida respecto a mis finanzas.

## PRINCIPIOS DE SABIDURÍA FINANCIERA

### EN LAS FINANZAS HAY QUE APRENDER A ESPERAR

A veces queremos que las finanzas estén bien rápidamente, pero recordemos que quien alocadamente se apresura, marcha con rumbo seguro a la pobreza. Hay que aprender a esperar, porque todo tiene su tiempo. Muchas veces queremos todo de "ya", pero en las finanzas, para evitar la pobreza, debemos aprender a ser pacientes.

*La persona digna de confianza obtendrá gran recompensa, pero el que quiera enriquecerse de la noche a la mañana se meterá en problemas.*

(Proverbios 28:20, NTV)

Alguien digno de confianza es aquel que aprende a esperar. Los problemas financieros son el resultado de la desesperación. No existen atajos en la prosperidad, solo fórmulas.

## EN LAS FINANZAS HAY QUE TENER PLANES

*Todo tiene su momento; todo lo que sucede bajo el cielo ocurre de acuerdo a un plan.*   (Eclesiastés 3:1, PDT)

Las finanzas no pueden ser a la suerte; deben planearse. Si trabajas y gastas sin planear, nunca tendrás nada.

*Por lo tanto, el faraón debería encontrar a un hombre inteligente y sabio, y ponerlo a cargo de toda la tierra de Egipto. Después el faraón debería nombrar supervisores de la tierra, a fin de que almacenen una quinta parte de las cosechas durante los siete años buenos. Haga que ellos reúnan toda la producción de alimentos en los años buenos que vienen y la lleven a los graneros del faraón. Almacene bien el grano y vigílelo para que haya alimento en las ciudades. De esa manera, habrá suficiente para comer cuando lleguen los siete años de hambre sobre la tierra de Egipto. De lo contrario, el hambre destruirá la tierra.*   (Génesis 41:33–36, NTV)

José utilizó un principio básico que se llama "presupuesto". ¿Qué es un presupuesto? Es la previsión, proyección o estimación de gastos, un plan de acción cuyo objetivo es cumplir una meta prefijada. Esto nos llevará a gastar solo lo necesario, guardando una parte para algún imprevisto. Así evitamos problemas futuros de escasez.

Cuando aprendemos a hacer un presupuesto, aprendemos a saber esperar y a hacer planes considerando los principios establecidos por Dios en su Palabra. Vive con el 80%, da el 10% a Dios y ahorra el 10%; así siempre tendrás bendición en tus finanzas. Tu presupuesto es tu compromiso. Tu destino en Dios está vinculado a cómo manejas tu dinero hoy. Si tienes un buen corazón, Dios te va a bendecir, y cuando lo haga, sé un buen administrador.

# 11

## CAMBIOS DE LA VIDA EMPRESARIAL

El éxito en la vida de una persona empresaria depende de los cambios que esté dispuesta a enfrentar o a vivir.

*El hombre de doble ánimo es inconstante en todos sus caminos.*　　　　　　　　　　　　　　(Santiago 1:8)

La cita habla del diario vivir. La persona que tiene problemas de inconstancia en su vida hace que se manifieste esa condición en todo.

*Porque hoy piensa una cosa y mañana otra, y no es constante en su conducta.* (Santiago 1:8, DHH)

Hoy quiere una cosa, mañana otra, pero para ser "el dueño del rótulo" debes ser estable en tu manera de vivir y de decidir; firme en tus decisiones. La primera pregunta que alguien debe hacerse para levantar un negocio es: "Quién soy y qué quiero". Para responder eso, hay que seguir estos pasos:

### 1. HACER UN AUTOEXAMEN DE QUÉ ES LO QUE REALMENTE QUIERES

Si descubres qué es lo que quieres, estarás dispuesto a arriesgarte. Si eres inconstante y no sabes qué quieres debido a tu manera de pensar, hoy vas a querer algo y mañana no.

Mientras tengas claridad, serás capaz de arriesgarte e ir con todo: renunciarás, invertirás, tendrás seguridad, serás constante. Pero si vacilas por no tener las cosas claras, es mejor que no lo hagas, porque perderás lo que tuviste y no tendrás lo que soñaste.

Con este autoexamen debes diagnosticar cuánta determinación tienes para emprender ese proyecto. ¿Cuánto esfuerzo estás dispuesto a dar? ¿Cuánto tiempo vas a invertir? ¿Vas a sacrificar el tiempo de ocio o el que tienes para otras actividades?

Analiza cuál es tu disponibilidad de tiempo, qué tal andas de perseverancia y cuántos recursos tienes para hacer eso que deseas.

## 2. TENER LA MOTIVACIÓN CORRECTA PARA HACERLO

Hay gente que quiere levantar negocios para hacer dinero; esa es la motivación incorrecta. Hay quien los abre con la idea de demostrarle algo a alguien, o porque están enfadados de trabajar para alguien y quieren ocuparse de lo propio. Debes tener la motivación correcta del porqué serás el dueño de la empresa.

Una vez que sabes lo que quieres, debes preguntarte por qué lo quieres. ¿Cuál es la motivación que te mueve? Te lo resumo en una frase: **Porque es tu destino.** Naciste para eso, llegó el tiempo de hacerlo. Para eso es el autoexamen. ¿Por qué quiero esto? Porque yo nací para esto, es mi destino en la vida y llegó el tiempo.

## 3. ACOMPAÑAR EL DESEO CON CONOCIMIENTO

Con fe y deseo no llegamos a ningún lado, si no le invertimos conocimiento a nuestros deseos. Conozco personas que tuvieron grandes intenciones, grandes deseos, grandes proyectos y grandes sueños, pero quedaron avergonzadas en el camino porque nunca invirtieron en conocimiento. El conocimiento conlleva tiempo, dinero, esfuerzo y aprendizaje. Ya expliqué anteriormente que la fe requiere conocimiento.

En mi experiencia, cuando digo que voy a hacer algo y lo doy a conocer, pase lo que pase, aunque la vida se me quede ahí, lo termino. No voy a permitir que *nadie* se burle de mis sueños. La gente no se burla de los sueños de terceros porque los tengan, se burlan porque *no los concretan*. Por eso, antes de abrir la boca, debes tener claridad de que posees lo que necesitas para alcanzarlo. Habla de tus sueños; pero cuando digas que los vas a hacer realidad, ¡hazlos! Comienza con pequeñas cosas.

Seamos sinceros, ¿cuántas veces comenzaste un libro y nunca lo terminaste? ¿Cuántas veces te metiste en un curso y lo dejaste inconcluso? No pretendas llegar a tener una empresa si no puedes siquiera terminar un libro. Si no somos disciplinados en las pequeñas cosas, jamás lo seremos en las grandes.

La Biblia dice que quien es fiel en lo poco, Dios lo lleva a lo mucho.

*Lo primero* que debes tener es un *sueño*, una visión basada en los tres principios anteriores.

*Lo segundo* es que a esa visión le añadas *fe*. Nunca emprendas algo en lo que no creas que va a funcionar. El primero que tiene que *creer* eres *tú*. De lo contrario, quedarás avergonzado. Añade luego el conocimiento, porque fe sin conocimiento conduce a la *vergüenza*. Cuando estés frente a alguien que ha logrado cosas mayores, inspírate en vez de compararte.

*Lo último* son los *recursos*. Muchos piensan que lo primero que necesitan es dinero, y eso es lo último. La provisión es para la visión; no existe provisión sin una visión.

Bajo los tres parámetros anteriormente descritos, tienes que visualizarte. Amarra tus emociones al conocimiento. Muchos están en problemas financieros porque echaron mano de las emociones en vez del conocimiento. Sí, muchas veces la emoción nos gana; pero la Biblia dice que con sabiduría se edifica la casa. Muchos usan el gusto primero y luego la sabiduría; compran la casa que les gusta y no tuvieron sabiduría para pagarla. ¿Qué resultado obtienen? Vergüenza, porque no pudieron terminar de pagarla.

## EXISTEN OBSTÁCULOS PARA HACER COSAS NUEVAS; TE SORPRENDERÁS CUANDO LOS LEAS

### OBSTÁCULO #1: TÚ MISMO

El éxito no viene por el trabajo, el esfuerzo o por lo que exijas que suceda. Lo que hace a una persona exitosa son aquellas cosas o situaciones que ella misma permite que sucedan. Muchas veces tu potencial, tu sabiduría, han levantado barreras que impiden que un cambio venga a tu vida. ¿Qué hace que tu negocio o empresa sea exitosa? Que te abras a que sucedan cosas nuevas.

Hay que remover barreras que nuestro potencial levanta. Cuando eres muy hábil en algo, esa condición edifica muros para que nada nuevo venga. Como lo nuevo asusta, no te percatas de que el mundo está en un proceso de globalización. A veces tu potencial es tan rígido que no estás dispuesto a que algo nuevo tenga lugar; si no *innovas*, tropezarás en el camino.

No permitas que tu potencial levante barreras que impidan que lo nuevo llegue. No dejes que el orgullo te traicione, de modo que pienses: *Soy tan experto en lo que hago que no necesito invertir más.* Es ahí cuando vienen los de abajo, aquellos que no tienen tus recursos o tu conocimiento, pero están abiertos a lo nuevo y te pasan por encima.

¿Por qué las grandes firmas invierten constantemente en publicidad? Porque no quieren quedarse rezagadas en el mercado. Ya no es un asunto de dinero, es un asunto de competencia, de innovación. Las barreras que nuestro potencial ha levantado hay que removerlas para dar lugar a aquellas cosas nuevas que Dios quiere darnos.

¿A cuántos les gustaría que su negocio no vendiera nada en todo el año? Hay que pagar luz, la patente, a los empleados, hay que mandar a los hijos a estudiar, hay compromisos que cubrir.

Si dejas que las matemáticas te gobiernen, jamás verás lo nuevo. Es aquí cuando entra en juego la fe. Llega un momento en la vida en que hay que dar ese paso. Piensa qué es lo peor que te puede suceder. De ahí para arriba, todo será ganancia.

La mentalidad empresarial será el reflejo de la mentalidad total. La mentalidad empresarial no despierta al crear una empresa; despierta porque esa idea está arraigada, es tu destino y está metida en tu cabeza.

Algunos dicen que van a ser empresarios, pero andan con los zapatos rotos. No tienen la *fe* para comprarse un par de zapatos, mucho menos para levantar una empresa. Tienes que comportarte y vestirte como si ya tuvieras el negocio. Si crees que eres el gerente general, compórtate y vístete como tal; habla, piensa, sueña, camina y busca conocimiento como si lo fueras. Lo serás, no cuando lo alcances; llegarás porque primero creíste que lo serías.

Tuve una empresa, una distribuidora de productos en toda Costa Rica. Mi fuerte eran las zonas rurales, compraba los productos y los llevaba en camiones a distribuir. Una vez que consolidaba la ruta, contrataba a un vendedor y un ayudante, para dedicarme solo a supervisar el trabajo. Comenzó a irme muy bien; pero tenía un vehículo en mal estado; andaba bien vestido; pero renegaba porque con ese vehículo visitaba a los clientes. Un día, Dios me dijo: "Tienes el vehículo que toleras". Entonces empecé a lavarlo y a meterle amor. Lo arreglé y lo vendí. Me dije: "De ahora en adelante manejaré el vehículo que merezco".

Entendí que si mi mentalidad empresarial está en mi estilo de vida, este se va a reflejar en todo lo que haga. Hay que desarraigar la mentalidad de nuestros padres y de nuestra cultura. Si eres un empresario, si tienes mentalidad empresarial, tenderás a la abundancia.

## OBSTÁCULO #2: LA FRUSTRACIÓN POR NO HACER CAMBIOS

*Encomienda a Jehová tus obras, y tus pensamientos serán afirmados.*                    (Proverbios 16:3)

Cuando tomamos los principios de Dios y los metemos en nuestra mente, esta será transformada y será vacunada contra mentalidades incorrectas. ¿Estás creando algo nuevo para tu vida o tu potencial está tan estructurado que no tiene oportunidad ni permiso para los cambios? ¿Estás conforme con lo que comes, con lo que tienes?

La frustración de una persona viene por el hábito de hacer lo mismo sin abrirse a los cambios. La gente se frustra porque no progresa, porque pasan los años y nunca llegó más lejos de aquello que emprendió alguna vez; su mentalidad creó una estructura que levantó barreras que no le permitieron hacer cambios.

**La frustración de una persona viene por el hábito de hacer lo mismo sin abrirse a los cambios.**

El sentimiento de fracaso más grande en la vida viene por no experimentar cambios. Puedes trabajar en la gerencia general, puedes ganar miles de dólares, pero si no hay cambios, te sentirás fracasado y frustrado. Dios es el Creador y nos dio la capacidad de crear. A veces creemos que solo los demás, porque tienen dinero, son capaces de algo así. ¡Claro que no! Ellos tienen la mentalidad que nosotros no hemos querido desarrollar. Sin embargo, hay un factor que nos afecta a todos ante emprender algo nuevo: el miedo. Te puedo resumir en cinco puntos lo que te provoca ese miedo.

## 5 COSAS QUE TE PROVOCAN MIEDO AL EMPRENDER ALGO NUEVO

Tener miedo es normal; lo que no es normal es que el miedo te impida hacer lo que Dios te destinó a hacer. Puedo tener miedo a muchas cosas; pero la única manera de alcanzar el éxito y seguir mi destino es vencerlo. ¿Te puedes relacionar con alguno de estos miedos?

### 1. EXPERIENCIAS DE PÉRDIDAS FINANCIERAS O FRACASOS EMOCIONALES

Quizá no hayas pasado por algo así, pero conoces a alguna persona que pasó por eso y sientes miedo. Cuídate de aquellos a quienes le cuentas tus proyectos de vida, porque por ahí andan expertos en matar sueños. El fracaso no es intentar algo y que no resulte; el fracaso es el no intentarlo.

A un hombre, hoy dueño de una cadena mundial de comida rápida, le heredaron un terreno en el desierto y fue para allá con su esposa. Al ver el lugar se preguntó qué podía hacer. Un día, notó que se aproximaba un vehículo en medio de la nada. Pensó que esas personas que pasaban por aquel lugar desértico podrían tener hambre; entonces tuvo la maravillosa idea de cocinar pollo y colocar una mesa para ofrecerlo a los viajeros que transitaran por aquella área donde ahora él vivía. En alguna ocasión, ciertas personas se detuvieron para comer lo que aquel hombre les estaba ofreciendo. Ellos notaron que tenía una receta especial que no era posible encontrar en otro lugar de los Estados Unidos. Fue así como atrajo a personas de otras regiones, que acudieron debido a la fama del pequeño restaurante en medio del desierto. Pronto llegaron otros comerciantes que abrieron en los alrededores tiendas y gasolineras, y aquello que era desértico empezó a poblarse. Todo comenzó con una pequeña mesa y mucha esperanza en medio de la nada. A ese hombre le pidieron llevar el restaurante a otros estados, reconociendo que era una receta única la que él utilizaba para cocinar su pollo.

**El fracaso no es intentar algo y que no resulte; el fracaso es el no intentarlo.**

Aquel matrimonio entendió que si el producto funcionaba en el desierto, la fórmula serviría en el resto de los Estados Unidos. Luego aplicaron esa lógica al resto del mundo. A él le interesaba mantener su buen nombre, por eso, quien quería comercializar su pollo debía mantener la receta original, porque sabía que el prestigio vale más que la riqueza.

Muchas personas han perdido su buen nombre por el dinero, por esto quizá desaprovecharon la oportunidad de su vida. Esta es la razón por la que tú y yo, al menos una vez, hemos comido algo de esa cadena internacional: porque alguien se atrevió a enfrentar un miedo. Saca de tu mente la idea de que fracasaste una vez. Vuelve a intentarlo. Si tu papá, tu abuelo o tu tío fracasaron, eso sucedió con ellos. La Biblia dice: si siete veces cae el justo, siete veces vuelve a levantarse. Si Dios está con nosotros, ¿quién en nuestra contra? Cree en el éxito; *provócalo*.

## 2. LAS SITUACIONES DESCONOCIDAS

Según los psicólogos, el ser humano experimenta un miedo natural a lo que no conoce. Es normal llegar a un trabajo nuevo y sentir temor, es inevitable. El ser humano tiene miedo a lo que no controla, a cosas que están fuera de su alcance. Llega al punto de que tolera situaciones injustas por miedo a enfrentarlas. Una mujer es golpeada por un hombre debido a que le tiene miedo; por temor, un empleado es humillado por su jefe; un empresario soporta crisis financieras porque tiene miedo a emprender algo nuevo.

**Cree en el éxito; *provócalo*.**

Una crisis financiera no se tiene que evadir, hay que hacerle frente. ¿Quieres ser de los recordados porque no hicieron nada o de los que lograron algo en la vida? Es tu decisión encarar los temores.

## 3. EL ÉXITO

Hay un miedo consciente o inconsciente por los cambios que el éxito trae al estilo de vida de las personas. Tardé cerca de año y medio en levantar mi empresa. Pasé de tener una casa alquilada a tener una propia, de tener un vehiculo a tener cuatro. Algunas personas comenzaron a decir que andaba en algo indebido, pero no era verdad. No te detengas por lo que las personas digan sobre tu éxito. No tengas miedo a los cambios. Recuerda que el exitoso no cambia, lo que cambia es lo que la gente ve en ti. Sé siempre el mismo, solo que en un vehiculo del año y con una buena casa.

## 4. EL FALSO SENTIMIENTO DE SEGURIDAD

Hay gente que tiene miedo porque está segura en razón de lo que hoy tiene. El dinero no es el objetivo. Muchas personas por el dinero no cuidan aquello con lo que producen ellas mismas. Tampoco cuidan a su familia, su salud, su paz, su vida espiritual. Quita de tu mente la excusa de: "No voy porque tengo que trabajar". Piensa en ti, en tu salud, en tu familia. Haz algún deporte, ve una película, ve al cine, invierte en ti. Dispón de tiempo para tu esposo o esposa y para tus hijos; eres quien produce el dinero.

## 5. TEMOR AL RECHAZO

El ser humano busca la aprobación de los demás; busca que todo el mundo apruebe lo que es, porque no quiere ser rechazado. ¿Sabes cuál es ese temor al rechazo? El perder la expresión de amor que te da la gente, ese es tu temor.

Muchas veces Dios me ha puesto a decir cosas muy fuertes desde el púlpito. Me ha preguntado: "¿A qué le temes? ¿A perder la expresión de amor de la gente, o mi amor?". Y prefiero perder el de la gente.

En ocasiones sentimos miedo por la familia; tengo familiares que no me hablan porque soy Pastor. Tienen un estilo de vida contrario al mío y no me invitan a sus actividades, pero eso no me hace sentir frustrado. La gente no toma decisiones correctas porque piensa en qué dirán los demás. Si te critican, que te critiquen. No ganas nada al detenerte a pensar en lo que la gente dice o piensa. Si aplicamos los versículos bíblicos y metemos a Dios en todo, tendremos dominio propio.

# 12

## PASOS SABIOS PARA EMPRENDER UN NEGOCIO

A través de este libro, Dios me ha guiado a explicarte sobre cómo ordenar y administrar tus finanzas, y a enseñarte cuál es la verdadera prosperidad que Él tiene como destino para todos sus hijos. Dios nos dio el poder para hacer las riquezas, y hemos examinado todo lo relacionado con la libertad financiera, tus capacidades y talentos e incluso los obstáculos a vencer. Recapitulemos y lleguemos a los principios imprescindibles para ser emprendedor y empresario.

Para emprender no podemos ser inconstantes en nuestro pensamiento con respecto al emprendimiento, sino que debemos ser perseverantes en nuestra manera de pensar, en lo que deseamos emprender.

 **Debemos ser perseverantes en nuestra manera de pensar, en lo que deseamos emprender.**

La inconstancia en el pensamiento de un emprendimiento nace de la inseguridad. Si bien es cierto que todo lo nuevo nos da temor, no podemos dejar que los temores internos crezcan por medio de la inseguridad. Debemos sentirnos seguros de la decisión que vamos a tomar; el temor estará en los resultados, pero la seguridad está en la decisión que tomamos para buscar alcanzar un buen resultado.

Dios necesita que seamos estables en lo que queremos, porque Él no puede respaldar a alguien que realmente no sabe lo que quiere.

## EL ÉXITO DEL EMPRENDIMIENTO COMIENZA EN TU MANERA DE PENSAR

### EL EMPRENDIMIENTO NO DEBE SER POR UN IMPULSO EMOCIONAL, SINO POR UNA CONVICCIÓN PERSONAL

Un impulso emocional puede venir por una creencia, y las creencias se pueden discutir. Una convicción no tiene discusión; es algo que está impregnado en nuestro corazón, que es parte de nuestra identidad. Ser un emprendedor tiene que ver con quien soy.

Nuestra identidad no se basa en lo que poseemos, sino en la mentalidad que tenemos. Por eso un negocio se puede cerrar o un nuevo negocio se puede abrir; eso no afecta la identidad del emprendedor, aunque afecte sus emociones.

Para dar este paso, debemos abandonar una forma de pensamiento para adquirir otra forma de pensamiento. Los cambios de pensamiento nacen por lo que vamos aprendiendo por medio de las experiencias de vida, procesos, formación y capacitación a través del tiempo. La humildad es necesaria para aceptar que debemos cambiar la forma de pensar. El cambio de pensamiento produce un cambio en el comportamiento.

Romanos 12:2 (DHH) dice que si cambiamos la manera de pensar, cambiaremos la manera de vivir. De hecho, al leer este libro está comenzando un cambio de pensamiento en tu vida.

El pasado no es algo que no se olvida, ni se puede ignorar, pero lo podemos usar como enseñanza y formación para crecer, madurar y avanzar. El pasado nos enseña a cuidarnos en el presente para no cometer los mismos errores. Por eso no podemos usarlo como un argumento para justificar las malas acciones del presente.

### DEBEMOS VIVIR EN EL PODER DE LA DEFINICIÓN

Las primeras dos preguntas para estar definido son: ¿Quién soy? y ¿Qué quiero?

Una vez que las hayamos respondido, debemos ir con convicción por lo que hemos definido para nuestra vida, familia y futuro. Escogeremos lo que debemos hacer con base en quienes somos.

El quién soy le va a decir a la prueba, la tentación y la dificultad que existen en el camino del emprendimiento, que las podemos vencer para lograr nuestras metas y nuestros objetivos.

Los dones, talentos, habilidades y vocación nos dan la guía para saber para qué nacimos. Y cuando los empezamos a usar, es el comienzo de las definiciones en lo que hacemos a pesar de las dificultades que vivamos.

## TODOS DENTRO DE NOSOTROS TENEMOS UNA VOCACIÓN

Es la sensación de que nacimos para hacer algo que es parte de nuestra vida y que está en nuestra conciencia. Dios alimenta nuestra conciencia para que descubramos nuestra vocación y así darle la dirección correcta a la razón de nuestra existencia. A esto se le llama *propósito de vida*.

La Biblia narra una historia sobre Job, un emprendedor que de la noche a la mañana lo perdió todo, pero que nunca perdió su vocación, ya que después de su proceso de aprendizaje volvió a emprender y recuperó al doble todo lo que había perdido.

Los procesos pueden llevarnos a perder cosas materiales, dinero, relaciones y hasta oportunidades, pero nunca nos pueden quitar nuestra vocación, porque con ella podremos hacer que se nos restituya todo lo perdido.

Hay personas que responsabilizan a Dios en sus procesos porque no han conocido la plenitud de lo que Él puede hacer por medio del mismo proceso. Dios permitió que a Job se le quitara todo para poder enseñarle cosas nuevas que nunca hubiera aprendido, y así poderlo bendecir al doble en todas las cosas.

Dios demuestra en esta historia lo que puede hacer con alguien que no deja de creer en su vocación a pesar de sus procesos de dolor. El dolor es un gran maestro. Lo que creemos que puede ser nuestra vergüenza, Dios lo puede usar para que sea nuestro honor.

En este punto hay algo muy importante que entender: Dios es Padre, amigo y Dios.

Como Padre siempre está ahí para ayudarnos, perdonarnos, corregirnos y enseñarnos.

Como amigo quiere que hagamos cosas juntos; nos da ideas, conexiones y gracia.

Como Dios, hace cosas que no entendemos, pero que son parte de un plan perfecto para nosotros.

### ¿CUÁNTO ESTÁS DISPUESTO A INVERTIR POR LO QUE QUIERES?

Si no contestamos con sinceridad esta pregunta, puede ser que de camino veamos que el precio que hay que pagar por nuestro emprendimiento es demasiado costoso. Jesús dijo que nadie construye una torre sin calcular los costos, no sea que luego no pueda terminar y otros hagan burla de él.

Uno de los principales errores es emprender por presión de otros, por demostrarle algo a alguien o por querer ser como alguien más. El emprendimiento nos va a demandar toda nuestra fe, prudencia, diligencia, actitud, pero nunca nuestra relación con Dios ni con nuestra familia. Si por emprender sacrificas tu relación con Dios o con tu familia, habrás perdido lo más valioso, aunque ese emprendimiento te dé millones en ganancias. No canjees el amor de Dios ni el amor de tu familia por el amor al dinero.

## TENER LA MOTIVACIÓN CORRECTA PARA EMPRENDER

Si no tenemos las motivaciones correctas, fracasaremos, porque veremos el costo muy alto y abandonaremos nuestros sueños, convirtiéndolos en pesadillas terribles.

No debemos hacerlo por el dinero, ni para ser reconocido por otros, ya que esas motivaciones nos van a llevar al fracaso porque nacen de la inmadurez e inseguridad que alguien tiene, y tratan de llenar vacíos emocionales con logros personales.

Cuando tenemos la motivación correcta, es fácil encontrar el gozo en las cosas que se hacen y disfrutar los beneficios que trae el emprendimiento.

La motivación correcta la encontramos en el *porqué* lo quiero; la desmotivación viene en el *cómo* lo hago, así que todo *porqué* correcto tarde o temprano nos llevará a descubrir un *cómo* lograr lo correcto.

## JAMÁS PIERDAS LA ESPERANZA DE LOGRAR VER LOS RESULTADOS EN TU VOCACIÓN

Nacimos para vivir en esperanza, que es ver lo que esperamos. Para eso Dios a todos nos dio la fe.

Fe es el poder de creer. Todo lo creado primero se creyó porque la fe crea. Lo que hoy vemos vino de lo que no se veía; por eso nuestra fe debe estar en lo que estamos haciendo. La fe es como los músculos; entre más los ejercito, más fuertes son. Entre más usamos la fe, más fuerte es la esperanza que llevamos por dentro.

**La fe nos hace esperar con expectativa lo que estamos provocando.**

No puedo pretender hacer sin ser; así que no solo es tener fe, es ser fe, es convertirnos en lo que hacemos. La Biblia dice que para el que cree todo es posible. No dejes de creer, porque por creer hay posibilidades de que las cosas puedan suceder. Si vas a emprender, primero debes creer; y siempre tener en cuenta que Dios es un Dios de orden. Ahora te presento los principios en los cuales apoyar tu plan empresarial.

## PRINCIPIOS PARA EL ORDEN DE TODO EMPRENDEDOR

### PRINCIPIO #1: PROVOCA LAS CONDICIONES IDÓNEAS PARA EL NEGOCIO O LA EMPRESA

¿Cuándo es el momento de comenzar? Cuando tú lo digas; esa es tu decisión. Antes de ordenar lo que vas a hacer, empieza por poner orden en todas las áreas, porque si eres desordenado, lo que hagas será desordenado también. Es por eso que muchos fracasan, porque tienen creatividad, pero son desordenados, por ejemplo, con su tiempo.

Pequeños detalles traen grandes resultados y evitan grandes problemas. Antes de tomar la decisión de iniciar el negocio, ordena lo interno para que haya orden en lo externo, incluso hasta con tus horas de sueño.

## PRINCIPIO #2: TRABAJA CON LOS RECURSOS CORRECTOS

No pretendas abrir tu empresa sin tener las condiciones y los recursos que se requieren. "Recurso" es un conjunto de elementos para resolver una necesidad o para llevar a cabo una visión. El problema es que muchos utilizan los recursos solo para suplir sus necesidades, pues tienen miedo al fracaso. Pero los recursos no son solamente dinero, sino creatividad, tiempo, ideas.

Cuando tengas a un colaborador con recursos, bendícelo, hónralo, págale, invierte, porque Dios te mandó a alguien con recursos que tú no tienes. Dale el valor a esa persona. Si esa persona se va, la empresa no va a quebrar porque tú eres el dueño de la visión. Entonces te corresponderá buscar a alguien con recursos. Usa los recursos y la gente que Dios te ha dado para desarrollar la visión.

## PRINCIPIO #3: ESTABLECE LA EMPRESA DENTRO DE ESE ORDEN

Cuando tienes las condiciones correctas y los recursos necesarios, es tiempo de dar rienda suelta a la visión que llevas por dentro. ¿Cuándo comenzar? Cuando tengas un orden de todo en tu vida. Esto significa también, ordenar tu mente. Recuerda que todo tiene su tiempo. Debemos vencer aquellos pensamientos que puedan impedir maximizar nuestras ideas, creatividad, sueños y anhelos. Por ejemplo: tener solo un negocio como fuente de ingreso. ¿Por qué hacer eso si es posible tener más de uno?

*E hizo bien a Abram por causa de ella; y él tuvo ovejas, vacas, asnos, siervos, criadas, asnas y camellos.*

(Génesis 12:16)

Los judíos no tienen un negocio; ellos invierten en negocios.

*Y tengo vacas, asnos, ovejas, y siervos y siervas; y envío a decirlo a mi señor, para hallar gracia en tus ojos.*

(Génesis 32:5)

Jacob tenía cuatro negocios. Así como él, tú también puedes hacerlo.

*Y sembró Isaac en aquella tierra, y cosechó aquel año ciento por uno; y le bendijo Jehová. El varón se enriqueció, y fue prosperado, y se engrandeció hasta hacerse muy poderoso. Y tuvo hato de ovejas, y hato de vacas, y mucha labranza; y los filisteos le tuvieron envidia. Y todos los pozos que habían abierto los criados de Abraham su padre en sus días, los filisteos los habían cegado y llenado de tierra.* (Génesis 26:12–15)

Isaac tenía negocios en agricultura, una manada de ovejas, de vacas y pozos de agua en el desierto.

*Su hacienda era siete mil ovejas, tres mil camellos, quinientas yuntas de bueyes, quinientas asnas, y muchísimos criados; y era aquel varón más grande que todos los orientales.* (Job 1:3)

El punto no es que tengamos cuatro negocios, sino que ponemos todo nuestro esfuerzo en uno solo cuando tenemos la capacidad para atender los cuatro. Dios te da la capacidad y la oportunidad para emprender un negocio que te dará lo necesario para suplir tus prioridades, por ejemplo: una casa.

# 13

## OBSERVA TUS ACTITUDES

La gente que tiene cierto grado de éxito a veces tiene malas actitudes. El éxito no define mis logros; tampoco la comparación con los logros de otra persona. El éxito lo define la satisfacción que tienes en lo que haces. No podemos decir que somos más exitosos que otros porque tenemos más o que somos menos porque tenemos menos. El éxito no se mide por la cantidad de logros. El éxito de un ser humano radica en la satisfacción por lo que hace, en el deleite que experimenta, no en el hecho de compararse con la competencia. El éxito es tener el contentamiento por lo que se logra.

Muchas veces hay enojo por no haber alcanzado lo que se quería, en lugar de experimentar un deleite en lo que ya se tiene. El hombre exitoso tiende a no ver el éxito interno. Es más, está tan metido en lo que quiere lograr, porque ya lo tuvo en su mente como una visión, que no se da cuenta de las buenas cosas que tiene.

Ahí es donde caemos en un error que empieza a deteriorar nuestra familia, nuestra vida y hasta el negocio mismo.

*Así que, teniendo sustento y abrigo, estemos contentos con esto.* (1 Timoteo 6:8)

**El éxito lo define la satisfacción que tienes en lo que haces.**

La base para ser exitoso como empresario es estar contento, pero no conforme. Hay que estar feliz con la venta que hoy lograste, con los empleados que tienes a tu cargo. Levántate cada mañana feliz de lo que tienes, agradecido con Dios, pero no conforme.

A veces no estamos conformes y queremos más, pero nos molestamos por la venta del día. En lugar de ser agradecidos y estar felices por lo que hay, nos ponemos tristes por lo que aún no hay. Perdemos de vista que cuando comenzamos no teníamos lo que hoy tenemos.

Es tanta la pasión por lograr las cosas que se despierta un nivel de insatisfacción por las que ya se han logrado, y eso empieza a deteriorar nuestra vida y los proyectos. Pronto comienzan a deteriorarse los logros.

Hay que luchar por más, estando felices siempre por los logros y victorias alcanzadas; nunca lo olvides. Todos los días levántate, abre el negocio o visita a los clientes con una sonrisa de oreja a oreja porque estás feliz y contento por lo que ya tienes, pero lucha por tener más.

Quien está feliz celebra los logros. Cada vez que tengas un logro, celébralo. Ve con tu esposa o esposo a comer, reúne a tu equipo de colaboradores y festeja. No seas como aquellos que en lugar de celebrar los logros se frustran porque la meta era mayor.

Los grandes logros están antecedidos de los pequeños y si celebras lo pequeño, tarde o temprano vas a celebrar lo grande. No seas de los que son infelices con lo que tienen, debido a que están afanados por lo que quieren, sin pensar que cuando producimos las cosas con contentamiento, Dios las hace posibles.

**Hay que luchar por más, estando felices siempre por los logros y victorias alcanzadas; nunca lo olvides.**

*Sean vuestras costumbres sin avaricia, contentos con lo que tenéis ahora; porque Él dijo: No te desampararé, ni te dejaré.*                                  (Hebreos 13:5)

Para estar contentos con lo que tenemos hoy, debemos sacar la avaricia de nuestras costumbres. Las costumbres son una serie de principios o valores que las personas practican a diario, pero en ocasiones esas costumbres están llenas de avaricia. La avaricia es idolatría al dinero. El dinero no es el fin, sino un medio para lograr un fin. No abras un negocio para tener dinero.

Cuando estás contento con lo que tienes, no le reclamarás a Dios por lo que no tienes. Si te ha dado antes, ¿por qué no habría de darte más? Sin embargo, no te va a dar más si eres infeliz con lo que tienes, o si eres empresario y te sientes infeliz cuando les tienes que pagar a tus empleados. Quejarse es creer que Dios nos ha desamparado y eso es ser malagradecidos. Hay algo que Dios me ha enseñado: las oraciones más grandes no son las que llevan peticiones, son las que llevan fe de agradecimiento por lo que todavía no he visto.

*Porque los que quieren enriquecerse caen en tentación y lazo, y en muchas codicias necias y dañosas, que hunden a los hombres en destrucción y perdición.*

(1 Timoteo 6:9)

 **Las oraciones más grandes no son las que llevan peticiones, son las que llevan fe de agradecimiento por lo que todavía no he visto.**

La Biblia dice que estas personas caen en perdición y maldición porque su mente y su moral deshonestas se corrompieron tanto que quieren hacerse ricos por su cuenta, en vez de dejar que Dios los prospere. Nosotros debemos permitirle al Padre que actúe, en vez de creer que todo se mueve por nuestra razón. Pensar de esa forma sería desacreditar a Dios y su gracia en nuestra vida. Cuando te sientas apremiado, con prisa y hasta desalentado porque las cosas no ocurren tan rápido como quisieras, lee estos tres consejos.

### CONSEJO #1: RECUERDA PARA QUÉ SIRVE EL DINERO

Si no sabes para qué es el dinero, no intentes abrir un negocio, porque un comercio va a producir recursos financieros que van a bendecir tu vida. Como jefe, en tu mente tienes que tener claro para qué son los recursos económicos.

### CONSEJO #2: EL DINERO NO ES EL FIN, ES EL MEDIO

El dinero produce más dinero, cosas materiales, trabajo, una visión; es un bien de intercambio.

### CONSEJO #3: EL NEGOCIO ES TU IMAGEN

Lo que la gente ve, eso dirá. Si la imagen no fuera importante, Dios no nos hubiera hecho a su imagen y semejanza. Por eso tu imagen habla de tu negocio y tu negocio habla de tu imagen.

Muchos quieren todo *ya*, pero son necesarios mínimo dos años para tener estabilidad. Las personas quieren aparentar y demostrarle a los demás de lo que son capaces. No tienes que demostrar que tu éxito es producto de tus logros.

Hay un momento clave para expandir tu negocio, pero todo lo queremos exprés, rápido; queremos ganar mucho dinero, pero todo tiene su tiempo. Si tienes que andar en autobús, disfrútalo, porque una vez que andes en vehículo, nunca más vas a querer andar en el servicio público. Lo que se hace rápido, al final puede costar todo lo valioso que tienes. Hay que ir despacio para ser bendecidos en lo que producimos; todo tiene su tiempo y tiene que hacerse bien.

Toda inversión debe ser analizada y estudiada por los que saben. Reúnete con quienes saben más que tú. Invierte en tu preparación, adquiere conocimiento y asesórate con expertos. No solo pidas ayuda a Dios; paga a alguien que te asesore. No hagas las cosas por lo que la gente dice, sino que a partir del análisis que hagas, saca tus propias conclusiones. Es mejor el buen nombre que las riquezas.

No pretendas la ayuda de Dios si no trabajas bajo los principios correctos. Ordena tu negocio, paga lo que tengas que pagar. Dios no te puede respaldar si tu vida no está en orden. Todo lo que siembres, eso cosecharás; es una ley inquebrantable. La Biblia dice que nadie se puede burlar de Dios. Por esto, sé una persona de alta moral.

Pero no todos son llamados a ser empresarios. La diferencia entre el empresario y el empleado es que el empresario toma riesgos; el empleado los vive, pero no los toma. Un empresario toma el riesgo económico y analiza que puede perder su buen nombre si le va mal. El empleado vive el riesgo de ser despedido o que lo cambien por una máquina. Si los dos al final viven riesgos, el riesgo del empleado, que es menor, depende de otras personas, no de él, a menos que sea un mal trabajador y lo despidan por eso. Pero por no tomar riesgos el empleado siempre tendrá un techo.

Dios no nos llamó a todos a ser cabeza como jefes. Dios llama a algunos a ser cabeza y a otros a ser los hombros de esa cabeza. ¿Eres una persona llamada por Dios para ser cabeza? Porque no hay peor cosa que ver a alguien haciendo algo para lo cual no fue llamado.

¿Naciste para ser un emprendedor? Hay tres cosas que tienes que saber:

*Saca de tu mente aquello de "no tengo lo que me hace falta para ser empresario".* A todos siempre nos hace falta algo. Ese *algo* llegará el día que lo inicies; no esperes a tener el panorama listo para hacerlo.

*Ser emprendedor es algo muy difícil y por eso no todas las personas lo son.* Marca la diferencia entre lo posible e imposible, no entre lo fácil y lo difícil. Inspírate en los logros de otros y no envidies a nadie, ya que la comparación es la llave que abre la puerta a la mediocridad.

*Algunos te dirán: "No es el tiempo correcto". Lo que para unos es mal tiempo, para otros es el tiempo indicado.* Cuando tú lo decidas, será el tiempo correcto de poner tu negocio. Si la vida la marcaran los fracasos, nadie tendría nada; sin embargo, la vida es marcada por los logros. De modo que te irá de acuerdo con lo que tú decidas, creas y conforme a tu esfuerzo. Invierte en imagen, porque tu imagen habla de lo que eres y de lo que atraes. Todo está en la mente. Ordena el espacio al llegar al negocio. No guardes cosas viejas, porque lo viejo atrae cosas viejas. Vendrá lo nuevo cuando te deshagas de lo viejo. Provoca una necesidad y deja que Dios la supla, pero no con mala mayordomía, sino con fe.

 **La comparación es la llave que abre la puerta a la mediocridad.**

La riqueza no es tener muchos bienes; la riqueza de un ser humano es la capacidad de producir lo que él no tiene y ayudarle a producir a otros lo que otros no tienen.

Mi propósito en esta tierra es traer a la luz a todos aquellos que están en tinieblas; y a los que están en la luz, activarlos en lo que Dios los llamó a ser; que quien me escuche o lea mis enseñanzas quiera hacer algo con su vida. Solo necesitas creer y hacer. No seas solo un "oidor", sé un "hacedor".

Transforma tu conciencia, adquiere sabiduría, cuida lo más valioso, trabaja de acuerdo con tu capacidad, emprende; que la bendición es grande y, sobre todo, recuerda que fuiste diseñado para ser una persona exitosa.

# 14

## EMPRENDER ES SOLO PARA VALIENTES (Y CREYENTES VISIONARIOS DILIGENTES)

Un país prospera no solo por las buenas decisiones que tome un gobierno, sino también por el éxito que tenga el que emprende, porque si el gobierno fuera el único que produce trabajo, el país entraría en graves dificultades financieras.

Uno puede enseñar lo que sabe; pero imparte lo que tiene. En la vida no solo se ocupa enseñanza, sino también impartición. Ese es parte de mi propósito en la tierra, entendí que debo aprender para ser efectivo en lo que me corresponde hacer.

Soy emprendedor desde los 14 años. Mi primer negocio fue una lechería donde producía derivados de la leche como el queso y la mantequilla, entre otros. No vengo de una familia de empresarios, pero Dios me diseñó así. Adquirir conocimiento para el emprendimiento es sumamente valioso, ya que no basta con el don o talento, sino hay que invertirle capacitación. Si quiero enriquecer mi bolsillo, primero debo enriquecer mi mente.

La Biblia enseña que José prosperaba todo lo que tocaba. Eso no lo aprendió en una universidad; eso es algo que Dios le regaló a José porque era parte de su propósito de vida. Lo que Dios nos da no lo recibimos en ninguna universidad, porque todo emprendedor necesita de algo espiritual que le ayude a sostenerse en los momentos difíciles, tanto los emocionales, físicos y económicos que debe enfrentar en su vida.

Hace algunos años levantamos una empresa que distribuía una gran variedad de productos en cadenas de supermercados en Costa Rica. La empresa creció, pero la estructura no, y el peso del crecimiento terminó hundiendo la empresa. Solo la fuerza y la sabiduría espiritual nos ayudaron a enfrentar la quiebra y levantarnos.

Hoy en día tenemos diferentes negocios de comida, soy escritor, comunicador, CEO de *Visión de Impacto*, creamos un canal de televisión, una emisora de radio, entre otros muchos proyectos en los que estamos. Todo esto es el resultado del aprendizaje espiritual, del desarrollo del carácter y de la madurez como emprendedor, y quiero impartirlo a los demás. Por eso te pido que abras tu mente y tu corazón para que creas lo que te estoy enseñando en estas páginas, ya que si has invertido tiempo en esta lectura es para que creas en lo que has leído. Si invertiste y no crees, perdiste tu inversión de tiempo.

Cuando veo y escucho los testimonios de emprendedores que llegaron destruidos a nuestro ministerio y que hoy están bendecidos y prosperados integralmente, me doy cuenta de que ellos recibieron en su corazón semillas que se convirtieron en un gran fruto, porque aprendieron y creyeron a la Palabra de Dios, que es la que nos enseña a hacer las cosas con éxito.

## ¿CÓMO EMPRENDER EXITOSAMENTE?

Dios le dijo al hombre: fructifica y multiplícate. Lo que Dios estaba diciendo es que nos da la capacidad de producir y la capacidad de administrar, pero el éxito de las finanzas no está en cuánto gano, sino en cuánto gasto. No es lo que produzcas con tus manos, sino cómo lo distribuyes, lo inviertes y lo gastas. La Biblia nos enseña que no somos dueños, sino administradores de todo lo que Dios nos ha confiado.

Esa es la clave. Tú no eres el dueño de nada, porque no naciste con nada. Se te han confiado esposa, hijos, negocios, estudios. Eres un administrador. Quien tiene la mentalidad de mayordomo tiene acceso a muchos recursos, pero quien tiene la mentalidad de dueño se limita a "mi casa, mi vehículo… ¡lo mío!".

La mentalidad del buen mayordomo asesina la mentalidad del materialismo, que destruye nuestra vida espiritual; le

da un lugar al dinero y a las cosas materiales en nuestro corazón; toma lo bueno que Dios da y lo lleva a ocupar su lugar;
nos llena de codicia y nos hace malagradecidos. El materialismo nos hace creer mentiras como estas:

1. Tener dinero y cosas hermosas dan la verdadera
   seguridad.

2. Si tienes más dinero, serás verdaderamente más
   feliz.

3. A otros les va mejor, te estás quedando atrás.

4. Más dinero resolvería todos tus problemas.

5. Trabaja duro con astucia, ya que eres el único responsable de tu éxito.

Lo que vemos en el mundo, como los anuncios o las redes
sociales, alimentan el materialismo.

*Pues el mundo solo ofrece un intenso deseo por el placer
físico, un deseo insaciable por todo lo que vemos, y el
orgullo de nuestros logros y posesiones. Nada de eso proviene del Padre, sino que viene del mundo; y este mundo
se acaba junto con todo lo que la gente tanto desea; pero
el que hace lo que a Dios le agrada vivirá para siempre.*

(1 Juan 2:16-17, NTV)

Cuando actuamos en la sabiduría de la mayordomía, el
éxito es que la gente se beneficia de nuestro emprendimiento:
socios, clientes, proveedores, colaboradores, gobierno,
impuestos. Sin embargo, si no pagamos nuestros impuestos
(parte de los principios de buena administración de Dios), no

tendremos el respaldo de Dios. Si tomas de tu negocio lo que es de Dios, no tienes respaldo de Dios, porque Dios no respalda ideas. Dios respalda principios, seas ateo, evangélico, católico o de cualquier otra religión.

Dios respalda sus principios. Aunque le pongas de nombre al negocio "Heladería del cielo", si como administrador rompes los principios de Dios, Él no va a respaldar el emprendimiento. Por eso debemos pagar impuestos, llevar con transparencia la contabilidad, pagar nuestros diezmos y dar nuestras ofrendas.

Ponerle un nombre religioso a un negocio me parece algo que limita, porque la persona que no va de acuerdo con tu fe va a rechazar ser parte del emprendimiento, y podrías perder clientes. En la Biblia no dice que por ponerle un nombre bíblico al negocio, este va a tener éxito, ya que el éxito no tiene que ver con el nombre, sino con la educación, los valores y principios que formen sus padres en los emprendedores.

El por qué está antes del cómo. No podemos saber cómo lograrlo sin saber por qué lo quiero lograr. El por qué se siente, a eso se le llama *convicción*. Si no estás convencido de tu emprendimiento, no mereces que nadie te crea. El primer convencido de abrir el negocio debes ser tú, eso es convicción.

¿Cuál es la diferencia entre una convicción y una creencia? Las circunstancias pueden cambiar la creencia; la convicción nadie la puede cambiar, porque tiene que ver con la identidad, vocación, destino y propósito. Por eso debes estar convencido de que el proyecto que vas a abrir va a ser exitoso y punto. Si no es así, no emprendas nada.

Nadie hace algo con dudas, porque la duda es una puerta para el fracaso. Hazlo creyendo que vas a tener éxito. Si, fracasaste en lo que hiciste; pero no fracasaste en lo más importante, que era creerlo, aún tienes tu por qué. El cómo se descubre conforme se va emprendiendo. El por qué lo sientes. Te dices a ti mismo: "Yo voy a emprender porque siento que tengo que emprender, siento que es el momento, siento que es el producto, siento que nací para esto". Es un sentimiento que llevas adentro y que nadie te puede cambiar.

 **Nadie hace algo con dudas, porque la duda es una puerta para el fracaso.**

La palabra emprendimiento, según el Diccionario de la Real Academia Española, es el inicio de una actividad que exige esfuerzo, sacrificio y trabajo. Si no te gusta el esfuerzo, no te gusta el sacrificio, o no te gusta el trabajo, jamás emprendas. Tú tienes que vivir en un mundo de esfuerzo, sacrificio y trabajo, hoy, mañana y siempre. Tus empleados están durmiendo; pero tu mente está aún trabajando porque emprendiste. El empleado está de vacaciones; pero tú estás reunido con el contador por sacrificio.

Nadie puede emprender sin esfuerzo, sacrificio y trabajo. Es algo espiritual y es algo natural. No tiene que ver con tu credo religioso, tiene que ver con tu carácter. Tu carácter no te lo da una universidad, no te lo dan 100 millones de dólares para emprender. El carácter te lo da conforme vas en la vida dando pasos para ir avanzando en lo que quieres. La paga del trabajo es más trabajo. El negocio que hace bien las cosas, vende, y estará siempre con mucho trabajo. Así que la paga del trabajo es más trabajo. Cuando te quejes de tener mucho trabajo, te estás quejando de estar haciendo las cosas bien: "¡Tengo tantos clientes que no sé qué hacer!". Mientras tú lloras por tantos clientes, otros lloran por pocos clientes; así que cuando empiezas a hacer las cosas bien, como consecuencia tendrás más trabajo.

Para convertir un emprendimiento en una empresa hay que aprender a manejar el volumen de trabajo. El emprendimiento no depende de recursos financieros, depende de la actitud. Tú no puedes cambiar el día, pero puedes cambiar la actitud ante el día. Tu actitud no se puede basar en el éxito. La buena actitud es para los peores momentos, porque nosotros no podemos cambiar los momentos, pero sí la actitud ante los momentos.

La actitud está ligada a la fe que no es religión, es el poder que Dios le dio al hombre para crear, ya que todo lo que creemos lo podemos crear. Un edificio primero se cree y luego se crea; nadie crea sin creer. El inicio de un emprendimiento está en la convicción, en creer en hacer algo. Recuerda que la fe no tiene que ver con dinero; la fe tiene que ver contigo. A veces tener recursos financieros trastoca la fe, porque si no tienes recursos financieros, usas toda la fe que siempre tienes. Pero al tener el recurso, le pones la fe a ese recurso, y si se te acaba ese recurso, te sientes sin fe. La clave es creer para crear, pero sin depender del recurso financiero.

La nada es para usar toda la fe, creando y soñando, y como consecuencia vendrán los recursos financieros.

Ahí afuera dicen: "¿Cuánto es el presupuesto que ya tienen para el proyecto?". Nosotros decimos: "Nada". Entonces dicen: "No se puede". Y preguntamos: "¿Por qué no se puede?". "Porque usted no tiene presupuesto", responden; y afirmamos: "No tengo, pero ¿ve esa pared?, se construyó sin presupuesto usando la fe". Ahí es donde hay que correr un riesgo entre la fe y la imprudencia. Porque fe no es un asesinato de la razón; fe es tener una razón para creer, y eso es algo que vas desarrollando conforme vas madurando. No es lo mismo tener la fe sin procesarse, que tener una fe procesada.

**No podemos cambiar los momentos, pero sí la actitud ante los momentos.**

Cuando comenzamos el emprendimiento tenemos una fe poco procesada, pero conforme nos vamos desarrollando, la fe va siendo procesada hasta llegar a tener una fe más madura. Porque fe no es falta de temor ni falta de miedo; fe es cómo enfrento ese temor y ese miedo a la hora de emprender.

Nuestro cerebro fue diseñado por Dios sin importar nuestro credo religioso para pensar en positivo, no en negativo. Por eso el cerebro empieza a tener ideas para prosperar. Primero soy, luego hago. ¿Qué quiere decir esto? Que lo que pienso de mí mismo va desarrollando la capacidad para hacer algo. El problema de muchas personas es que quieren hacer para ser. ¡Pero no! Primero somos y luego hacemos. Iván piensa que es el mejor comunicador del mundo, puede ser que para el que me compare sea el peor, pero para mí soy el mejor. Cuando me paro en la plataforma, en un canal de televisión, en una entrevista, yo hago lo que creo que soy. Si eres vendedor, vas a pensar que eres el vendedor número uno porque primero eres y luego haces.

¿Qué he hecho yo para que mi iglesia prospere? Trabajar en su identidad, porque si no crees en ti, nunca creerás en lo que haces. ¿Cómo trabajo en la identidad? Sanando el pasado y entendiendo que no somos lo que hacemos o el título que tengamos. Por ejemplo, una persona que estudió leyes es abogado por profesión, pero no es abogado por identidad, ya que su profesión no lo hace alguien sino su mentalidad. Pero si esa persona dice, "Soy abogado", su mente le dice: *Solo de esto comerás y no puedes producir de ninguna otra forma.* Entonces su profesión ha asesinado su productividad.

**Si no crees en ti, nunca creerás en lo que haces.**

El que no tiene un título dice: "Yo tengo que ver qué hago, y vendo pan, arreglo vehículos; tengo que ver cómo saco a mi familia adelante". Cuando se da cuenta, prosperó sin título, porque no puso su identidad en un currículo, sino que puso su mente a trabajar y a desarrollar su capacidad para hacer las cosas. Podemos tener títulos, maestrías, doctorados, pero eso no es lo que somos, solo es lo que hemos logrado, pero como personas, somos mucho más que eso.

Cuando trabajas en tu identidad, desarrollarás tu capacidad de emprendimiento. Para poder hablar, hay que pensar. El cerebro se activa pensando, por lo tanto, debes pensar que eres un emprendedor, un empresario, un exitoso, un bendecido, ya que eres lo que creas que eres. La identidad es tan importante que cuando Moisés le preguntó a Dios cómo se llamaba, Él le dijo: *Yo Soy el que Soy* (Éxodo 3:14), porque el que sabe que tiene la capacidad de hacer lo que sea, primero se ve a sí mismo de esa forma. Tu capacidad para crear tiene que ver con quién eres.

**El éxito de un árbol está en la semilla que nadie ve.**

Cuando Jesús apareció, dijo: *Yo soy el camino, la verdad y la vida* (Juan 14:6). Tú tienes que levantarte cada mañana y decir: "Yo soy el que va a emprender ese proyecto; yo soy el que va a cambiar las ventas; yo soy el que va a comprar la casa". Nosotros abrimos nuestra iglesia en el año 2009 con 60 personas. Mi esposa y yo nos agarramos de la mano y les dijimos a esas personas: "Bienvenidos a una visión que cambiará el mundo". Solo nosotros lo creímos, porque no había micrófono, no había cámara de televisión, no había nada, pero el éxito de un árbol no está en el fruto; el éxito de un árbol está en la semilla que nadie ve. Todo el mundo luego apedrea el árbol o quiere comer del árbol, pero nadie se dio cuenta de que ese árbol nació porque adentro había una semilla que no se veía. A la semilla la gente le pasa por encima, se burla, pero tarde o temprano la semilla termina dando fruto. Así va a ser tu proyecto, así va a ser tu logro, así va a ser tu alcance. Si tienes una semilla, tienes el derecho a tener un fruto.

## ¿QUÉ ES UN EMPRENDEDOR?

Ya hablé de lo que es un emprendimiento; una actividad que exige esfuerzo. Un emprendedor es una persona que tiene la convicción para realizar acciones que son difíciles y muy riesgosas. Insisto en que, si no te gusta el riesgo, por favor, no emprendas. Si no te gusta la vida difícil, no emprendas, porque con el riesgo y lo difícil está pavimentado el camino por donde avanza el emprendedor.

No cometas el error de llamar imposible a lo difícil. A lo difícil se le llama "posible". Todos quieren los frutos, pero no el precio. De hecho, cuando tú negocias, ¿dónde está tu negocio, en lo que quieres comprar o en el precio que tienes que pagar? ¿Dónde está el debate, en la casa que quieres o en el precio que vale? Quien no está acostumbrado a pagar el precio, jamás disfrutará de un beneficio. Por eso, cuando te hablan de millones de dólares, no abras los ojos pensando que es un montón de dinero, que esa cantidad es imposible. Por pensar así, nunca lo vas a llegar a tener, porque tu mente dice que es imposible.

Hoy nuestro templo principal tiene un valor de alrededor de 5 millones de dólares. Lo compramos en 2 300 000 dólares y sin tener el dinero, pero con la fe y la mentalidad que se necesitaba. La Biblia dice que podemos comprar sin dinero; lo que pasa es que el sistema del mundo nos dice que si no tienes dinero, no puedes hacer nada. Hay gente tan pobre que usa el dinero para tener más dinero y así seguir teniendo dinero, porque su estatus de vida lo marca el dinero. Pero también hay personas tan ricas que no necesitan el dinero para hacer realidad sus sueños, ya que creen en su capacidad dada por Dios para triunfar.

El dinero no nos da valor. Hay personas que si no lo tienen sienten que no valen, y nosotros podemos lograr muchas cosas aunque no lo tengamos, porque el dinero es la consecuencia de hacer algo, no la razón para hacer las cosas. Cuando haces algo por hacer dinero, prepárate para fracasar. Cuando haces algo porque hay una visión en tu corazón que quieres alcanzar, prepárate para triunfar y, como consecuencia, el dinero vendrá a tus manos. Solo reitero que no es cuánto ganas, sino cuánto gastas.

## ¿CUÁL ES LA DIFERENCIA ENTRE UN EMPRENDEDOR Y UN EMPRESARIO?

El empresario es el propietario o el directivo de una empresa. ¿Qué es una empresa? Una entidad con estructura y capital. Nadie puede crear una empresa si primero no emprende un proyecto. Primero emprendes; y luego tienes una empresa.

¿Cuál es el éxito para convertir tu emprendimiento en tu empresa? La estructura que vas creando conforme tu emprendimiento se va desarrollando. ¿Cuál es el problema de muchos que están estancados en puro emprendimiento, que no han dado un paso a la estructura de enseñar, delegar y supervisar? Quien cree en lo que enseña no teme delegar, porque no está confiando en la persona en quien delegó; está confiando en lo que enseñó.

Como pastor dirijo una organización internacional que requiere de miles de voluntarios para hacer realidad la visión que Dios puso en mi corazón. Confiamos en lo que les enseñamos, les delegamos autoridad y responsabilidad para que ejecuten la visión con libertad, felicidad y seguridad, pero hemos construido una estructura de supervisión para cuidar la eficacia de la visión.

También hemos contratado colaboradores, a quienes les enseñamos el principio del ahorro, porque el ahorro es el arma de guerra para los momentos de crisis o para las oportunidades que la gracia nos da. Quien no ahorra, nunca tendrá una llave para una oportunidad. Quien no ahorra, cuando la crisis llega lo toma por sorpresa. El ahorro es el escudo para la crisis y una llave para la puerta de las oportunidades.

El éxito del ahorro es vivir por debajo de tus posibilidades. Gana 100 y vive con 80.

Hay inversiones que nos ayudan a adquirir cosas, pero para lograrlo hay que desarrollar un plan basado en el ahorro. Entonces, conforme el emprendimiento va creciendo, se debe ir estructurando para poder convertirse en una empresa.

**El ahorro es el escudo para la crisis y una llave para la puerta de las oportunidades.**

Dios desea respaldar proyectos empresariales serios y correctos, porque Él trabaja en cadena. Hay personas desempleadas pidiéndole a Dios que les ayude a conseguir trabajo, ya que tienen que sacar adelante a su familia. Sin importar su credo, creen que Dios les puede proveer. La forma en como Dios les responde esa petición es viendo cuál empresario está haciendo las cosas bien para aumentar sus ingresos, para aumentarle su trabajo y que tenga la obligación de contratar a una de esas personas que están orando a Dios por un trabajo. Así contesta Dios esa petición.

Un emprendedor es la respuesta de Dios para muchas personas en una larga cadena. Por eso, si eres egoísta, no calificas para ser respaldado por Dios cuando emprendes solamente para tener una mejor casa, un mejor vehículo, para demostrarle a tu exjefe que tú sí podías, o para demostrártelo a ti mismo.

Dios no patrocina egos; Dios patrocina visiones llenas de misericordia. Por eso las estructuras que creamos en la empresa nos protegen de nuestros sentimientos y de que no arruinen la sabiduría que Dios nos ha dado, pues debemos ser más sabios que sentimentales, porque la sabiduría nos protege. Me he protegido poniendo estructuras y personas a mi alrededor que cuiden que mi propio poder no me corrompa, porque quien delega poder se somete a ese poder. Delego autoridad y me someto a esa autoridad.

## ESTRUCTURA PARA SER EMPRESARIO

El emprendedor que no estructura termina siendo esclavo de su propio emprendimiento, y los empleados que ganan menos son más felices que él. No puede disfrutar de lo que hace por estar sometido a lo que emprendió por falta de una estructura que lo proteja tanto a él, como a su salud, su familia y su emprendimiento.

Dios no te llamó a emprender para que seas infeliz, te llamó a emprender para que te diviertas haciendo lo que te confió hacer. Diviértete, sé feliz, no te esclavices, porque la vida es demasiado corta para ser un infeliz. ¿Cuánto viviremos?, no lo sabemos, por lo tanto, debemos vivir de la mejor forma y no estar deprimidos y angustiados por no desarrollar estructuras sabias que protejan la visión de nuestro corazón. Si no lo vas a hacer así, mejor quédate en un trabajo donde te paguen tu salario para disfrutar con tu familia. Pero si vas a emprender, disfrútalo.

A veces los visionarios cometemos el error de menospreciar nuestros logros, pero hay que hacer un alto en la vida para disfrutarlos. Aprender a aplaudir nuestros logros no fue fácil. Un día, estaba entrando con mi esposa a nuestras instalaciones y ella me tomó del hombro y me dijo: "Amor, te felicito". Yo dije: ¿Qué bien habré hecho para que me felicite? ¿Qué le habré dicho de bueno?". "Mira todo lo que has logrado", me dijo, cuando yo sé que lo he logrado con ella. Pero ella me estaba honrando a mí. "Te felicito. ¿Te acuerdas cuando empezamos con 60 personas? ¡Mira ahora!". Empecé a llorar. ¿Por qué lloré? Porque yo mismo no me he detenido a disfrutar lo que hemos podido lograr con la ayuda y el respaldo de Dios, y de miles de personas que han creído en la visión de nuestro corazón.

Así que levántate cada mañana con la mejor actitud y di: "Soy el dueño del negocio, esto me lo confió Dios". No podemos cambiar las circunstancias; pero podemos cambiar la actitud en medio de las circunstancias.

El emprendedor no tiene un piso, así como tampoco tiene un techo. Por eso nadie le puede decir hasta dónde podrá llegar. A Steve Jobs lo sacaron de su propia compañía y eso no lo detuvo, y por su perseverancia logró hacer realidad lo que llevaba por dentro. Nadie tiene el derecho de robarte los sueños que Dios te puso adentro. Igual como sucedió con José en Egipto (ver Génesis 35-50), que hizo realidad sus sueños porque Dios estaba con él, así los verás hechos realidad porque Dios está contigo.

El emprendimiento nace de una visión que llevamos en el corazón. A esto se le conoce como *vocación*. La vocación es para lo que tú naciste, la razón de tu existencia en esta tierra, y no estarás totalmente feliz hasta que seas un pez en el agua o un oso en el invernadero, o hasta que seas un león rugiendo. Tienes que descubrir para qué naciste, porque el peor error del ser humano es tratar de encajar en un rompecabezas donde no eres la pieza de ese rompecabezas, pero tu papá, mamá o amigos te dicen que tienes que encajar ahí, la sociedad dice que tienes que encajar ahí, la religión dice que tienes que encajar ahí. ¡Un momento! ¿Por qué?

Cada inventor, cada médico, cada profesional, cada dueño de un negocio, todos son parte de un rompecabezas para bendecir y ayudar a otros. Tienes que descubrir tu asignación. Me dirás, ¿cómo la descubro? Cuando los jóvenes me dicen: "Pastor, ¿qué estudio?". Yo les contesto: "Cierra tus ojos, ¿qué te miras haciendo?... ¡estudia eso y serás el mejor!, porque estás en tu vocación y tu diseño".

## VISIÓN VS. SUEÑO

Una visión es diferente de un sueño. Un sueño es la idea de hacer algo; una visión es la forma de hacerlo. Dice la Biblia: *Escribe la visión* (Habacuc 2:2); no dice los *sueños*. Sueña lo que quieres; pero visiona lo que vas a lograr. Tengo el sueño; lo escribo. ¿Qué es un sueño? Un deseo. ¿Qué es una visión? El 1, 2, 3 para lograrlo. Punto de partida, desarrollo, conclusión, forma, estructura; la visión se escribe. Cuando tienes una visión, ya tienes claro un anhelo, pero se pone sobre la mesa. Puedes hacer dos cosas con esa visión:

*Lo primero es abortarla en secreto* sin que nadie se dé cuenta, pero en veinte años vas a vivir más arrepentido por lo que no hiciste que por lo que hiciste, porque ese aborto te perseguirá toda tu vida.

¿Qué hubiera pasado si lo hubieras hecho?

**Un sueño es la idea de hacer algo; una visión es la forma de hacerlo.**

En el año 2002, cuando tenía la empresa a la que me referí antes, yo tenía una relación directa con la estructura financiera de una gran cadena de supermercados en Costa Rica. Mientras veía un programa coreano, ya que era el mundial de fútbol de Corea y Japón, vi un producto que ellos hacían y me dije: "Ese producto no lo hay en Costa Rica y sería todo un éxito en mi país, porque todo el mundo lo consumiría". Entonces, compré una máquina para empezar a desarrollar ese producto, pero no podía empacarlo como se debía. No encontré a alguien que me ayudara a empacarlo, ya que tenía ciertas complicaciones con el clima y otros factores. Cometí el error de abortar esa visión en lo secreto. Un día, iba entrando a esa cadena de supermercados y vi ese producto empacado de una forma totalmente diferente a como lo imaginé. Cientos de personas hacían fila para adquirirlo y me puse a llorar, porque aborté en secreto lo que pude haber hecho realidad si no me hubiera dado por vencido.

En ese momento, Dios me dijo: "Lo que te di a ti se lo tuve que entregar a otro porque lo abortaste en tu corazón". Le dije: "Señor, te prometo que jamás en mi vida abortaré una visión que tú me des". Por eso he escrito este libro, porque así Dios me lo pidió. Dios sabe que conmigo Él puede contar, y yo le digo que me dé a mí lo que otro aborte en secreto porque lo voy a intentar hasta hacerlo realidad. Una visión que se haga realidad ayuda y bendice en cadena a muchas personas y familias.

*Lo segundo que puedes hacer con la visión es hacerla realidad.* Di lo siguiente: toda visión que Dios me confíe lucharé para hacerla realidad. Puede ser que fracases en el camino, pero tendrás la satisfacción de que no la abortaste. Si haces un negocio y muere, saca el pecho y siéntete orgulloso. Pero siéntete avergonzado cuando mataste una visión que ni tan siquiera intentaste hacer realidad, porque dentro de unos años te va a perseguir.

Para que un emprendedor pueda convertirse en empresario, hay tres verdades que necesitará desarrollar.

## VERDAD #1: TIENES QUE FORTALECER TU IDENTIDAD

Como dije, primero soy y luego hago. Nuestra plenitud como persona no está en lo que llegamos a lograr, en lo que llegamos a obtener o en lo que llegamos a crear, sino en quién nos convertimos mientras lo logramos. No termines siendo un gran empresario y una pésima persona; un gran visionario y un pésimo padre.

La prosperidad no es dinero; la prosperidad es integral. Hay gente que yo he visto cómo ha descuidado su familia y su ministerio solo por un proyecto de emprendimiento. Perdóname, pero tus hijos no valen el precio de una empresa. Tu matrimonio, tu credibilidad, tu respeto no valen el precio de una empresa.

**Que el hacer mejore el ser, no que el hacer destruya el ser.**

Un día mi esposa me dijo algo que me dolió, porque fue por algo que yo le había dicho que le dolió muchísimo a ella: "No me eches en cara lo que me has dado si lo hemos hecho juntos". Me dije por dentro: "¿En qué me estoy convirtiendo, si cuando nos casamos no teníamos nada?". Pero el hacer estaba dañando mi ser. Le pedí perdón y le prometí que lo que hacía iba a mejorar quien yo era. La humildad no tiene que ver con posición social; tiene que ver con el concepto que tengas de ti mismo.

El orgullo no tiene que ver con el tipo de vehículo que conduzco, la ropa que adquiero o la casa donde vivo. El orgullo viene cuando creemos que esas cosas nos hacen superiores o inferiores como personas.

Cuando Dios ve tu emprendimiento, no ve tus habilidades, ve tu corazón. Un papá que te ama no te da algo que te hace daño. Muchos no han podido prosperar, no porque Dios no quiera que prosperen, sino porque su corazón no está listo para ser prosperado por Dios. Por eso el corazón es la clave del emprendimiento. De Salomón hablaron de su sabiduría; pero sus hijos fueron un desastre. Fue un gran rey; pero un pésimo padre. Por eso no debemos descuidar lo más valioso, que son las relaciones con las personas que amamos. Cuida que el emprender no te haga perder.

Para hacer algo grande debemos tener una ambición grande, pero con una intención sana. Piensa en grande con intenciones correctas, porque la grandeza está en la mente, pero la intención está en el corazón. Llegarás hasta donde tu mente te permita ver, pero pregúntate por qué lo quieres hacer y la respuesta a eso determinará si lo puedes llegar a lograr. Todo tiene que ver con la intención de tu corazón.

¿Cuál es la clave de vernos a nosotros mismos con grandeza? Quiero que pongas las manos en tu cerebro y digas: "Yo soy grande, yo puedo hacer cosas grandes y lograr cosas únicas que otros no han logrado; puedo hacer lo que otros hacen, pero de mejor forma". Si no nos vemos grandes, vamos a fracasar, porque vernos grandes nos hace seguros de nosotros mismos. Levántate cada mañana, mírate al espejo y di: "Ahí está una persona grande", porque si tú no te ves grande, no podrás hacer cosas grandes.

Cuando Josué y Caleb fueron a explorar la tierra prometida y vieron gigantes, dijeron que se los comerían como pan (ver Números 14:9). ¿Por qué hablaron así? Por la convicción que tenían. ¿Qué dijeron los otros diez espías? Nosotros somos como langostas frente a ellos (ver Números 13:33). Dios dijo, estos diez y toda su generación no entrarán; estos dos y su generación entrarán (ver Números 4:20). Porque la mentalidad de grandeza es necesaria para la seguridad de nosotros mismos.

Un emprendedor tiene corazón de cordero y mentalidad de león; cordero para aprender y reconocer, y león para conquistar, pelear y proteger lo que ha conquistado.

Josué y Caleb fueron dos leones que rugieron para callar el bramido de diez hombres con mentalidad de corderos.

La humildad no es inseguridad. Ser humilde no es sentirme inferior a los demás. Ser humilde es sentirnos capaces de hacer lo que nos proponemos. Yo soy tan humilde que creo que lo que me propongo, lo logro. Pero humildad no debe ser inseguridad. Si no te gusta la crítica, no emprendas; si no te gusta la envidia, no emprendas; si no te gusta que la gente te quiera quitar lo que es tuyo, no emprendas; porque el emprendedor despierta la envidia en quienes le rodean.

Eclesiastés enseña que la excelencia despierta la envidia, pero uno tiene que usar la excelencia para inspirar a los demás en que sí se puede lograr lo que nos proponemos.

Saber quiénes somos nos ayudará a enfrentar los temores del emprendimiento. Recuerda que el temor es parte del emprendedor, porque se encuentra con lo nuevo, y todo lo nuevo nos da temor, y cada vez que enfrentamos nuestros temores fortalecemos nuestra autoestima.

Dios nos da la gracia y nosotros ponemos la fe, la valentía y el esfuerzo. ¿Qué es la gracia? Es una habilidad, un don, una especialidad que nos fueron otorgados por Dios, porque Él nos diseñó para ser eso. Recuerdo que tenía una compañera en el kínder, quien al tomar el lápiz le salía la bolita perfecta y a mí me salía cuadrada. Hoy es una gran pintora. Eso es un brillo, un favor, una estrella. Dios la dotó desde el vientre de su madre para su asignación.

Por eso no puedes compararte con los demás. Puedes inspirarte en todos; pero no te compares con nadie porque la comparación te llenará de orgullo si ves a alguien con menos, o te llenará de temor o de inseguridad si ves a alguien con más. La gracia nunca se va a ir de tu vida, pero es posible que las oportunidades no vuelvan. La gracia no te regresa oportunidades. Cuando se te aparezca una oportunidad, aprovéchala, no la desaproveches. La gracia debe ser acompañada de fe. Tenemos que creer que podemos lograrlo con las ideas, estrategias y decisiones que debemos tomar en el camino. La fe es una convicción que gobierna el corazón y no es cambiada por una creencia. De nada sirve creer que

Dios está con nosotros si no somos valientes, porque Dios no patrocina cobardes. Por esta afirmación he sido criticado, porque creo que Dios no patrocina los sueños de los cobardes, porque los cobardes lo dejan botado. Si empiezas, acabas bien o mal, pero debes terminar lo que empezaste, porque todo lo que tú abandonas, te va a perseguir el resto de tu vida; así que es mejor dar la cara. Es como las deudas, si no tienes dinero, tienes rostro. Las deudas no desaparecen porque te escondas, sino que aumentan. A veces no tener dinero te puede generar un buen convenio financiero. Da la cara y muévete, porque tal vez no tienes ideas, pero tienes la gracia y el favor de Dios, lo que te puede abrir una puerta para cancelar una deuda.

Hace muchos años, cuando mis hijas eran muy pequeñas, estábamos endeudados con varios miles de dólares por mala administración de tarjetas de crédito. Mientras oraba a Dios, Él me dio una idea. Todo el mundo me llamaba loco, pero pagué todas mis tarjetas de crédito y me quedó ganancia con el proyecto que emprendí.

Dios patrocina los sueños de los valientes. Nunca te mires cobarde, porque Dios te ve valiente. Hay que ser valientes para tomar acciones que hagan realidad el emprendimiento. Siempre digo cuando tomo una decisión: ¿qué es lo peor que puede pasar? Una vez que tengo la respuesta, me pregunto, ¿estás dispuesto a pagar el precio? ¿Tienes un plan? Sí, perfecto, ya tengo el plan. ¿Pero ya está analizado qué pasaría si perdemos la casa, si perdemos el vehículo, si se pierde el dinero?

¿Estás dispuesto a pagar ese precio? ¿No? Entonces no emprendas; si estás dispuesto a pagar ese precio, emprende con fe y valentía.

## VERDAD #2: SI QUIERES PASAR DE EMPRENDEDOR A EMPRESARIO, TIENES QUE FORTALECER TU MENTALIDAD

La Biblia dice que cuando una persona cambia lo que piensa, cambia lo que hace. Cuando decimos: "No puedo", el cerebro se detiene y las neuronas dicen *¿Qué hacemos? ¿Por qué no vamos a pensar?* Porque él dice que no se puede, y no podemos pensar en algo que no se puede. Pero cuando decimos: "Sí puedo", el cerebro empieza a trabajar, porque el cerebro recibe la orden del "Sí se puede", entonces, busca cómo hacerlo realidad. Por eso, se vale decir que es difícil, pero no decir que no se puede. La Biblia dice: *Todo lo puedo en Cristo que me fortalece* (Filipenses 4:13). ¿Por qué Dios dice que todo lo podemos en Cristo que nos fortalece? Porque nos dio el cerebro para que nos dé las ideas y ocuparlas al creer que se puede. Tú puedes hacer realidad todos tus sueños, todas tus metas, todos tus anhelos.

Si dices que puedes, tu cerebro empezará a trabajar. Pero si dices que no puede, nunca el cerebro tendrá la fuerza para hacer. Si dices "No puedo", el cerebro dice "No pienso". Si dices "Sí, puedo", el cerebro dice "Vamos a buscar la forma de hacerlo realidad".

Si lloras porque la gasolina sube, estás fracasado; si lloras porque el dólar sube, estás fracasado; porque tú no dependes de la inflación, tú dependes de tu capacidad de producir. Si la gasolina sube, las ventas subirán, punto.

José prosperó en los siete años de vacas flacas, no en los años de la prosperidad de Egipto, que fueron los siete años de vacas gordas. ¿Por qué?, porque en los años de vacas gordas todos tenían vacas gordas; pero en los siete años de vacas flacas, todos tenían vacas flacas menos José, porque no tuvo siete años de vacas gordas. Tuvo catorce años de vacas gordas, ya que en la abundancia vivió con menos y en la escasez vivió con sabiduría. Cuando las cobijas no alcanzan, debemos encoger los pies sin quejarnos porque es temporal.

En la historia de José, leemos que llegaban todas las naciones de la tierra a comprarle trigo a Egipto al precio que la nación quisiera venderles. Cambiaban trigo por esclavos, y así fue como el pueblo de Israel terminó siendo esclavo por 430 años. Por siete años de abundancia recibieron un pago de 430 años de tener esclavos.

Así funciona el sistema de crédito, se paga muchas veces más por lo que se pidió prestado. Por eso es importante el ahorro y los análisis profundos del tiempo de crédito que hay que tomar.

La Biblia dice: *Mi pueblo perece por falta de conocimiento* (Oseas 4:6, BLPH), pero Dios es tan justo que cuando el pueblo de Israel iba a salir, había llegado la hora de su liquidación. Tarde o temprano a todos nos llega nuestra temporada, y todo empieza a cambiar, solo hay que tener la fe y la valentía para entrar en la temporada, pero a todos la temporada nos cambia.

### VERDAD #3: LA CLAVE ES CAMBIAR LA PERSPECTIVA

La perspectiva es como vemos lo que pasa, porque como lo hagamos será lo que marque el rumbo de nuestro emprendimiento. Cuando no vemos desde el ángulo correcto, nos perdemos, pero cuando cambia la percepción se alimenta el corazón, es decir, hay motivación. Según como veas lo que te pasa, te motivas o te desmotivas. Por eso, quiero a través de este libro ayudarte a ver aquello que no ves. Cuando cambiamos la forma de ver las cosas, el problema sigue igual, pero la perspectiva cambió, y cuando cambia tu perspectiva, cambia tu motivación.

Por eso mi consejo es que salgas de esa caja emocional y mental para que cambies el ángulo de cómo estás viendo tu proyecto, porque si te pasas metido con tu visión fija, eso hace que pierdas la perspectiva correcta de todo lo que podría estar pasando.

Yo tengo una cualidad, que es llegar a un lugar y fijarme en ciertos detalles. He entrado a lugares y les digo: "¿Por qué esa pared está así de despintada?", y me responden: "¿Cuál pared?". "Esa que ves todos los días, pero que no has visto". ¿Por qué hago esto? Porque están tan metidos en lo que hacen que pierden la perspectiva de lo que está a su alrededor.

La pandemia prosperó a ciertas personas, porque esas personas consideraron la pandemia con una perspectiva diferente. Pequeños cambios producen grandes resultados. Cambia, vete de vacaciones. ¿Qué vale más, el alquiler del local donde está tu negocio o tú, que eres el dueño del negocio? ¿Qué vale más, la seguridad que pagas a la empresa para que cuide tu negocio o tú? Invierte en ti y vete de vacaciones tres o cuatro días a la playa y olvídate de todo. Tu cerebro se va a *resetear*. Así como debemos apagar nuestro teléfono para que funcione bien, ya que si no se actualiza deja de funcionar, lo que no se actualiza muere.

Una persona tenía 25 años de trabajar con llantas de recauche y le dije: "Las llantas de recauche van muriendo, vende llantas nuevas". Me contestó: "No, pastor, llevo 25 años de venderlas. Aquí los camioneros vienen y yo les recaucho las llantas". Lamentablemente, al día de hoy ese negocio ya no existe, y ahora las llantas nuevas tienen un costo mucho más barato que el recauche. Lo que hoy funciona, no quiere decir que en quince años va a funcionar igual.

Para el año 2030 en Europa ya no van a circular vehículos que funcionen con hidrocarburos, solo los eléctricos. Eso quiere decir que en unos años el negocio de los hidrocarburos irá disminuyendo. Lo que hoy es un negocio productivo, en unos años será obsoleto.

El emprendedor y los empresarios somos cabeza y no cola, mira hacia dónde va el mundo, para que cuando eso llegue, llegues primero tú.

Cuando aquí la pandemia llegó, no nos tomó de sorpresa. Nosotros ya teníamos los equipos de televisión, ya teníamos nuestra iglesia acostumbrada a ver los mensajes por pantallas y a vernos desde sus hogares. En marzo del 2020 teníamos 10 000 seguidores en YouTube, y de esa fecha al año 2022 superamos los 230 000 seguidores porque usamos la pandemia como un detonante de crecimiento. Sabíamos que hacia eso se estaba moviendo el mundo con el tema tecnológico.

La Biblia dice que al que cree todo le es posible, esto es una realidad de la vida, porque si la Biblia lo dice, es una realidad. Lo que pasa es que aunque a todos se les enseña lo mismo, no todos lo creen de la misma forma.

La motivación trae pasión y la pasión es una fuerza emocional, pero debemos tener más carácter que pasión para que el carácter nos sostenga cuando la pasión se termine. El carácter se desarrolla en el aprendizaje y en la perseverancia de lo que hacemos. Tenemos que ser más sabios que apasionados, más prudentes que enérgicos, más inteligentes que impulsivos. Esta para mí es la clave para pasar de emprendedor a empresario.

Un día, Dios me dijo: "No solo quiero que ayudes a los que no tienen, sino que ayudes a los que tienen mucho". Y me dio la comisión de levantar empresarios millonarios, porque hay ricos en este mundo que están perdidos y necesitan de empresarios bendecidos que los rescaten con el amor de Jesús. Un alcohólico escucha a otro alcohólico salir del alcoholismo y va a creer que él también puede salir del alcoholismo.

**Tenemos que ser más sabios que apasionados, más prudentes que enérgicos, más inteligentes que impulsivos.**

Como emprendedor no le tengas miedo al éxito. No sé si te ha pasado, pero hay un momento en tu vida donde te va tan bien que empiezas a tener miedo de que te empiece a ir mal. A eso se le llama *pobreza mental*.

Dios desea que la gente prospere. En el libro de Hageo dice que la gloria postrera será mayor que la primera (2:9), porque mía es la plata y mío es el oro (2:8). La plata y el oro son de Dios y Él quiere una gloria postrera de la pandemia, por eso no tengas miedo, Dios te va a respaldar si haces las cosas de la forma correcta con las intenciones correctas.

No debemos temer al hecho de tomar decisiones. Dios tiene un plan con cada uno de nosotros, y la única forma de descubrirlo es tomando decisiones.

Hay cuatro tipos de decisiones que debemos saber tomar, unas más fáciles que otras.

*La primera* de ellas son las decisiones diarias que son parte de nuestra rutina. Estas decisiones casi no conllevan presión, ya que se basan en qué ropa ponerse, qué zapatos, qué desayuno, en fin, son del diario vivir.

*La segunda* son las decisiones que controlamos y que son de bajo riesgo; esas compras o inversiones calculadas, donde nos sentimos tranquilos porque son de muy bajo riesgo.

*La tercera* son las decisiones de mucho riesgo, que no sabemos cuál es el resultado final. Pero ninguna decisión se toma sin previo análisis, sin previa investigación y sin consultar a Dios. No esperes que Dios te diga todo lo que debes hacer, ya que debes ir discerniendo tus decisiones. Dios nunca le dijo a David que matara a Goliat. Fue David quien vio una oportunidad para que se cumpliera lo que él sabía que era su destino. Sin embargo, Noé construyó un arca porque Dios se lo dijo.

Hay que discernir lo que Dios me dice que haga y lo que creo que Dios quiere que yo haga.

*La cuarta* son las decisiones estratégicas, que son las que nos van guiando, las que nos van ordenando las otras decisiones en el camino.

La decisión estratégica más grande que puedes tener es meter a Dios en tu emprendimiento porque al meterlo, lo haces socio.

Confiar en Dios y en nosotros mismos es el fundamento para tener éxito en lo que emprendemos. No estoy metiendo religión; estoy hablando del Creador de todas las cosas. Dios sabe cómo funciona el sistema de los negocios, empresas, emprendimiento, familia, matrimonio, y todo lo que hoy existe y existirá mañana porque Él lo creó. Si quieres tener éxito, pregúntale al que creó lo que tú vas a emprender y para eso tienes una relación personal con Él y también por medio de la iglesia.

Cuando Dios es el centro de nuestra vida todo es posible. No es posible tener conocimiento si no tenemos el respaldo de Dios en lo que hacemos. Debemos adquirir conocimiento y que Dios esté con nosotros en lo que hacemos.

**La decisión estratégica más grande que puedes tener es meter a Dios en tu emprendimiento.**

Me encanta una película que se titula *Manos milagrosas*, que narra la historia del primer neurocirujano que en1987 separó a unos siameses que estaban pegados del cerebro. Ningún médico se atrevía a separarlos, porque cuando los separaran, los vasos sanguíneos y arterias que compartían empezarían a sangrar como un grifo abierto sin poder hacer nada, se iban a desangrar. Era una cirugía que nunca antes se había hecho. Una cosa es hacer lo que otros ya han hecho y otra es hacer lo que nadie se ha atrevido a hacer, donde están en riesgo tu reputación y, en este caso, la vida de dos niños.

Este neurocirujano es de ascendencia afroamericana y eso le produjo muchos líos y rechazos desde niño, que le causaban grandes problemas en el estudio. Su madre, que no sabía leer y debía criarlo sola, pues su padre los había abandonado, siempre le decía: "Tú puedes hacer lo que quieras y lo puedes hacer mejor que cualquiera, y jamás te des por vencido". Entonces, él creció escuchando una mamá que le decía que sí se podía y eso lo impulsó para luchar por hacer realidad su sueño de convertirse en un gran neurocirujano.

Le conté a mi esposa cómo Dios me dio la bendición de estar en dos lados opuestos cuando era niño. De lunes a viernes yo vivía en una condición económica limitada; pero sábados y domingos disfrutaba de una condición económica ilimitada. De lunes a viernes vivía con mi mamá, una mujer sola con seis hijos; soy el menor de mis hermanos y único hijo de mi padre. Los fines de semana que llegaba mi papá le pedía lo que quisiera, así que viví en los dos extremos. Lo que yo no sabía es que Dios me estaba entrenando para mi propia vida.

Lo que parece ser una desgracia, Dios lo puede convertir en una virtud, porque si a mí me hubieran dado a escoger, yo hubiera escogido que mis papás no se divorciaran. Pero Dios tenía un plan: la educación y los privilegios que mi papá me dio, más el amor, cuidado y cariño de mi mamá. Si me hubieran puesto a escoger, me hubiera quedado con mi mamá, porque ella me daba lo que el dinero no me podía dar. Por eso la vida no se trata de dinero, sino de cosas más importantes que el dinero. El sabio mete a Dios en todas sus decisiones.

En Deuteronomio 8:18 leemos:

*Sino acuérdate de Jehová tu Dios, porque él te da el poder para hacer las riquezas, a fin de confirmar su pacto que juró a tus padres, como en este día.*

Tú tienes el poder para hacer las riquezas, porque las riquezas no se piden, las riquezas se hacen, pero si no lo crees, no lo vas a poder lograr. ¿Por qué? ¿Cuál es el poder para hacer riquezas? Ser administrador, no dueño. Cuando tú dices: "Es mío", limitas tu capacidad; pero cuando dices que el negocio es de Dios, no hay límite.

Si crees que es tuyo, ese proyecto llegará hasta donde el conocimiento, fuerza, salud y recursos lleguen. Dios es demasiado caballeroso para meterse donde nadie lo metió. Pero si afirmas: "Mi negocio es de Dios y todo lo que tengo es de Él", es porque tienes mentalidad de un buen administrador.

*La mano negligente empobrece; mas la mano de los diligentes enriquece.*                    (Proverbios 10:4)

La pobreza ¿es el deseo de Dios o es una consecuencia en la vida? Ve a los lugares donde la gente vive en pobreza. ¿Cómo es su forma de hablar? ¿Cómo es su forma de pensar y de ser? Su forma de pensar es "Quiero", "Necesito", "Ayúdenme", "No puedo", "No tengo". Siempre tienen una buena excusa para vivir de esa forma y no llegar a hacer en la vida algo bueno.

¿Quién es el diligente? El que ve una oportunidad para avanzar en todo lo que le pasa en la vida, pues no es lo que vivimos, es cómo lo vemos y cómo lo usamos a nuestro favor y no en nuestra contra.

Ser diligente es ver una oportunidad donde todos ven caos y crisis. Ser diligente es creer que puedes seguir adelante a pesar de que todo se haya terminado. Dios da más al que sabe administrar bien lo que se le confía y Dios le quita al que no administra bien aquello que se le confió.

La clave de las finanzas es reinvertir y compartir con Dios lo que administramos, ya que para ser un buen administrador necesitamos la ayuda del Espíritu Santo.

Como vimos, el libro de Deuteronomio dice que tenemos el poder para hacer las riquezas.

En Hechos 1:8 dice que recibimos poder cuando el Espíritu Santo viene sobre nosotros. Muchos han usado el poder del Espíritu Santo solo para sanidad y milagros, pero el poder del Espíritu Santo es mucho más que eso. Déjame mostrarte la plenitud del poder del Espíritu Santo, que también es el poder para hacernos sabios administradores de todo lo que producimos.

Juan 14:26 dice que el Consolador (el Espíritu Santo), a quien el Padre enviará, nos enseñará todas las cosas. ¿En qué tema no es experto Dios? El Espíritu Santo también puede enseñarnos sobre finanzas, ya que fue Dios mismo el que las creó y nos da su Espíritu para que produzcamos, invirtamos, ahorremos y gastemos con la sabiduría del cielo.

# EPÍLOGO:
## NUESTRO TESTIMONIO FINANCIERO

Nosotros alquilábamos el edificio donde actualmente está una de nuestras sedes. Llegado el momento, el dueño en ese momento se lo entregó al banco, quien nos mandó una nota diciendo que teníamos que desocupar las instalaciones. Fui a conversar con Dios y me acordé de una historia de la Biblia sobre un rey llamado Ezequías que había recibido una carta.

Levantó el documento, se lo presentó a Dios y le dijo, ¿qué hago?

Dios le dio la solución de cómo enfrentar y salir adelante de ese problema, así que me dije: "Si la Biblia dice que Dios lo ayudó, voy a hacer lo mismo". Entonces le dije al Señor: "¿Qué hago? ¿Dónde consigo otro edificio como este, donde hemos invertido mucho dinero para acondicionarlo como un templo hermoso? ¿Qué hago?". Entonces Dios me dijo: "Cómpralo". Y mi respuesta fue: "¿De dónde?". Y Él me respondió: "Yo te diré cómo". Lo primero que le dije a mi esposa fue: "Vamos a comprar la propiedad". Ella, quien es una mujer de fe que no solo le cree a Dios, sino que cree en mí, me dijo: "Está bien, amor, vamos a comprarlo, Dios nos respaldará".

Empecé a escuchar a Dios que me daba las ideas y las estrategias para comprar dicha propiedad. Una noche me dijo: "Cómprala por el precio que ellos la entregaron al banco, no por el precio que el banco quiere vender la propiedad".

Me puse mi saco y mi corbata para ir a hacer la oferta a los ejecutivos del banco, ya que cuando miras a una persona bien vestida, te crea una impresión de seguridad y credibilidad. La imagen es muy importante, si no fuera así, Dios no nos hubiera hecho *a su imagen y semejanza*. Hay que saber vestirse según frente a quien se vaya a hablar, porque la vestimenta puede abrir puertas.

En esa reunión les dije que yo era una solución para ellos, porque este banco había venido rematando muchísimas propiedades y su negocio no era vender ni quitar propiedades, sino prestar dinero. Ellos creyeron en mi persona y organización, porque vieron en nosotros una oportunidad para una solución de su negocio, No vieron en mí a un necesitado, sino a un aliado. Y esa debe ser la actitud de los emprendedores, no verse como víctimas de una situación, sino como colaboradores de una solución.

Una vez que acordamos el precio, me preguntaron cómo lo iba a pagar, pues eran varios millones de dólares. Les respondí con un segundo negocio: "Ya les compré la propiedad que les generaba un problema para el banco, ahora ustedes le van a dar un crédito a nuestra organización". Me preguntaron: "¿Tendrá capacidad de pago?". "Por supuesto", respondí. Cuando tienes orden, tienes autoridad. Recuerda que Dios no multiplica el desorden. Si tu empresa o emprendimiento están desordenados, Dios jamás te va a dar crecimiento, porque desorden en crecimiento es más desorden, y Dios es un Dios de orden. Todo lo desordenado tarde o temprano queda vacío, quiebra, por eso debemos llevar nuestros números, inversiones, contabilidad e inventarios en orden.

Jesús, antes de multiplicar los cinco panes y dos pescados para alimentar a más de cinco mil personas, mandó a las personas a ordenarse primero en grupos de cincuenta y de cien, y luego multiplicó. Ya que iba a multiplicar, sin saber cuánta gente había, primero ordenó y después multiplicó. ¿Sabes en las manos de quién se multiplicaron los panes y los peces? En las manos de quienes ordenaron, no en las manos de Jesús. Él oró por cinco panes y dos peces, y cuando terminó de orar había los mismos panes y peces, pero cuando se los dio a los discípulos que habían ordenado a las personas, se les multiplicó en sus manos. Te garantizo que todo lo que llegues a ordenar en tu empresa se va a tener que multiplicar y crecerá, porque Dios respalda donde hay orden. En *Visión de Impacto* somos exageradamente enamorados del orden.

De regreso al testimonio de la compra de nuestra propiedad, el banco revisó detallada y minuciosamente nuestras finanzas y controles contables, quedaron sorprendidos del orden financiero que tenemos como iglesia y nos dijeron: "¡Listo! Vamos a ingresar la documentación para que los ejecutivos del banco inicien el proceso y ver si la junta directiva lo aprueba, porque a una iglesia no se le dan créditos de esta magnitud". Al paso de unos días, me invitaron a una reunión con la junta directiva del banco para que les hablara sobre la visión de nuestra organización y tomar la decisión final. Así que me volví a poner el traje y antes de entrar a la reunión, Dios me dijo: "Habla con seguridad y autoridad. Ellos van a hacer lo que tú digas; tienes que creer en ti". Les dije lo siguiente: "Señores, vengo a presentarles un crédito que hará historia en este país, porque seremos la primera iglesia a la cual ustedes le van a prestar en estas condiciones. Este préstamo va a abrir puertas para que otros clientes vengan a hacer negocios con ustedes".

Finalmente, después de varias reuniones en un "estira y encoge", nos prestaron el 99% del dinero, dando nosotros solo el 1% de prima por la propiedad y quedando una tasa de interés anual fija muy por debajo de la normal en el mercado bancario. ¡Todo salió como Dios me dijo que se los pidiera! Compramos la propiedad sin dinero, usando las ideas del cielo, porque cuando escuchamos a Dios y hacemos lo que Él nos pide, todo saldrá bien.

Oro a Dios para que todo lo que has leído en este libro te sirva, para que cumplas tu propósito y veas todos tus sueños hechos realidad. Estoy seguro de que escucharé muchos testimonios de lo que Dios hará en tu vida, familia, ministerio y finanzas.

Un gran abrazo de parte de toda mi familia y de nuestra organización, *Iglesia Visión de Impacto*.

# ACERCA DEL AUTOR

Iván Vindas es el fundador de Visión de Impacto. Es Pastor, escritor, conferencista, y un renombrado orador que lleva un mensaje transformador a todas las naciones que visita. Está felizmente casado con Lucrecia Arbustini, y es el padre de Daniela y Jeimy, las cuales se convierten en su motor diario.

Nació en Cartago, Costa Rica, un 29 de noviembre de 1977. Ahí conoció las realidades a las que muchos costarricenses se enfrentan. Pudo ver de cerca la necesidad, pero siempre soñó con un futuro mejor para él y su país. Conoció a Dios de la mano de su madre, Doña Rosa Córdoba, producto de un proceso constante lleno de fe de su progenitora.

Al conocer a Dios, no tardó mucho en saber que su destino era uno: predicar su Palabra y transformar la vida de las personas mediante la buena nueva de Jesús. El Señor le mandó a abrir una iglesia en una de las ciudades más convulsas de la nación: Desamparados. Es así como en el año 2009 fundó Visión de Impacto, que cuenta con una sede principal en Desamparados, San José, y con varias sedes alrededor de todo el país. Recientemente inauguró su primera sede internacional, en la ciudad de Valencia, España.

Dios le ha abierto camino en los medios de comunicación. Hoy es el Director General de Impact Radio, una emisora local que transmite via digital para todo el mundo. También es el fundador y Presidente de Impact Channel, un canal de televisión con enfoque cristocéntrico dirigido a las personas que no conocen de Jesús. Por las ondas radiales y televisivas de estos medios han desfilado desde los presidentes hasta las personas de más alto rango en la nación.

Miles de seguidores alrededor del mundo consumen cada semana sus prédicas, desde su podcast semanal en las principales plataformas de *streaming* hasta el exitoso programa "Un Estilo de Vida" que se transmite por Enlace Internacional.

Sus prédicas inspiran, empoderan, ilustran y apaciguan. Es un hombre enérgico, visionario y directo que ha ejercido su ministerio con liderazgo, pasión, excelencia y entrega, ingredientes fundamentales para impactar las vidas de miles de personas.

Ha predicado en cientos de auditorios, estadios, e iglesias. Su mensaje lo ha llevado a visitar decenas de países en todo el mundo, donde ha llevado una transformación desde la Palabra de Dios.

Es consejero de gobernantes, magistrados, diputados y empresarios de su natal Costa Rica y naciones vecinas. Su enfoque es transformar con la Palabra de Dios cada país, ciudad o lugar que visite.